JN410225

그저 그렇게 살지만, 그래도

김종욱 金鍾旭

1980년부터 작품활동을 시작하였다. 사람살이의 기미를 질박하게 그려내고자 애쓰고 있을 뿐 아니라, 간결하고 소박한 문체를 이루려고 치열하게 고민하는 작가이다. 지금은 문화사랑방 '허허재'를 열고 작품활동에 몰두하고 있으며, 그동안 『바람 바람 바람』(2010)을 비롯한 12권의 작품집을 펴낸 바 있다.

E-maill : king1116@kebi.com

김종욱 상화집

그저 그렇게 살지만, 그래도

인쇄| 2013년 4월 10일
발행| 2013년 4월 15일

글쓴이| 김종욱
펴낸이| 장호병
펴낸곳| 북랜드
서울 강남구 역삼동 832-7 황화빌딩 1108호
대표전화 (02) 732-4574 | (053) 252-9114
팩시밀리 (02) 734-4574 | (053) 252-9334

등 록 일| 1999년 11월 11일
등록번호| 제13-615호
홈페이지| www.bookland.co.kr
이-메 일| bookland@hanmail.net

편집주간| 곽흥렬
책임편집| 김인옥
영 업| 최성진

ISBN 978-89-7787-578-4 03810

값 14,000 원

그저 그렇게 살지만, 그래도

|김종욱 상화집|

북랜드

차례

世

間

萬

世

옛 시인을 그리며

하늘은 높고 말이 살찐다는 좋은 계절이다.

푸른 하늘에 흰 구름이 모였다 흩어졌다, 아름다운 그림을 그려낸다. 거리에 줄지어 서 있는 나무들의 잎사귀가 곱게 물들고, 나무에 달린 석류가 탐스런 속살을 드러내고 있다. 와르르 쏟아질 것만 같다. 사람들은 지나간 시절의 부질없는 미련을 허공에다 그리는가 하면, 가슴속에는 까닭 모를 그리움이 넘쳐난다. 아, 가을이 깊어가는구나.

이따금 상화 시인의 옛 집을 찾는다. 나 말고도 찾는 사람들이 꽤 있다. 주변을 한 바퀴 돌아보고 나서 마루에 걸터앉아 시인의 삶과 작품세계에 대해 주거니 받거니 한다. 옛 모습대로 복원해 놓은 상화 시인의 집은 작다. 몸채와 대문채,

그리고 마당으로 구성되어 있는 집을 오늘 우리네 사는 것과 비교해 보면 아주 초라하다. 그나마 이 집 말고는 병든 몸을 의지할 곳조차 없었다고 하니 참으로 신산한 삶을 살았다는 생각이 든다. 그것도 마흔둘이라는 짧은 한살이의 마지막 몇 해를 이곳에서 지냈다.

시인은 일찍이 아버지를 여의었다. 그래서 어머니의 가르침과 큰아버지의 교육을 받으며 성장기를 보냈다. 그 뒤로 학교 교육을 받았으나 별로 흥미를 느끼지 못한 채 고뇌에 빠져 지냈다. 그러다가 프랑스 유학의 큰 꿈을 꾸며 일본으로 건너갔지만, 관동 대지진으로 그 꿈마저 접고 서둘러 귀국하고 말았다. 한동안 작품 활동에 몰두하였으나, 그 시절 대다수 문학인들이 그랬던 것처럼 이른바 '조선병'을 앓고 있었다. 술이나 종교는 물론, 그 무엇으로도 치유할 수 없는 병, 조국의 모습이 안타까워 통곡하지 않을 수 없는 불치의 병이었다.

암울했던 그 시절, 우리네 조선 사람들은 말로 다 할 수 없는 고초를 겪어야만 했다. 시인은 몸을 던져 투쟁하는 혁명가는 아니었다. 그러나 조선의 흙을 사랑했고, 말과 글을 사랑했으며, 고향인 대구를 한시도 잊은 적이 없다. 그런가 하면 그가 가르치던 학생들에게 '피압박 민족은 주먹이라도 굵어야 한다'며 권투를 운동 경기 종목에 포함시키기도 했었다.

그는 그리 많지 않은 작품을 남겼다. 그 가운데 절반 이상을 1925년과 1926년 사이에 발표하였고, 대표작이라 할 수 있는 '빼앗긴 들에도 봄은 오는가'도 그 시절의 작품이다. 그는 말하기를 "문학인은 삶을 기록하기 위해 남다른 책임감을 가져야 하고, 그 같은 책임감은 민족 언어를 지키는 것이어야 한다"고 주장했다. 그는 작품보다 인품이 고결한 민족 시인이었다.

오늘 우리네 말살이와 글살이를 살펴본다. 가히 민족 언어의 수난 시대라 해도 좋을 성싶다. 고유의 말과 글이 시류에 휘둘리고, 짓밟히고, 무너지는 천덕꾸러기가 되고 말았다. 길거리에 나서면 읽을 수는 있는데, 뜻은 전혀 알 수 없는 표지들이 너무 많다. 더러는 그것이 영어인지, 일본어인지, 프랑스어인지, 스페인어인지 가늠하기조차 어려울 때가 있다. 그뿐이랴. 심지어 글쓰기를 전문으로 하는 작가마저 영어를 공용어로 삼아야 한다는 데 앞장서는 지경에 이르렀다. 작가란 모름지기 자신의 모국어를 갈고 다듬는 일을 사명으로 삼아 몸부림치다가 끝에 가서는 넘어지고 마는 사람들이 아니겠는가.

문학의 언어는 사고가 깃든 집이다. 말과 글은 사고방식을 형성해 주는 틀이자 의식의 밑바탕을 이루는 무의식이기도 하다. 그런가 하면 고귀한 정신에 빛이 있듯이 참된 말에는 향기가 있다. 말과 글이 참되고 아름다우면 우리네 삶과 세상도 참되고 아름다워진다. 그래서 문학이라는 나무를 잘 가꾸면 그 몇 배, 몇 십 배의 보답을 받는다. 하지만 우리네 현실은 그렇지가 못하다.

비라도 오려는지 바람이 눅눅하고 말갛던 하늘은 거뭇해진다.

한동안 생각의 유희를 즐겼는데, 오늘은 이쯤에서 접어야겠다.

대문을 나서면 조그마한 바깥마당이 있다. 음악회가 열리고, 영화를 상영하고, 심심찮게 공연도 한다. 뿐만 아니라 상화 시인을 기리는 시상식을 갖는 곳이기도 하다. 비록 작고 초라한 집이지만, 북적거리는 도심에 이만한 열린 공간이 있다는 것이 자랑스럽지 않은가. (2011)

* 이상화 고택 소식지(2011. 12. 제7호)에 '마루에 걸터앉아서'라는 제목으로 발표한 작품이다.

기다리고 또 기다리며

기차가 속도를 조금 늦추는 것 같았다. 안내 방송이 흘러나왔다. “이 열차는 잠시 후 대구역에 도착합니다. ……” 그 같은 안내가 채 끝나기도 전에 승객들이 자리에서 일어나 옷을 챙겨 입고, 선반에서 가방을 꺼내들고는 복도에 줄을 섰다. 여기서 말하는 ‘잠시 후’란 불과 10분 이내의 시간이다. 그 짧은 시간 동안의 기다림에도 불구하고……. 대구라는 고장에 대한 기대나 반가움 때문일까, 아니면 기차 안에서의 갑갑함에서 벗어나고 싶어서 일까?

청년들의 취업난이 심각하다. 어제 오늘의 일이 아니다. 학교를 졸업하고, 학위를 취득해도 일자리를 얻지 못해 방황하고 있다. 심지어 이력서를 400번 넘게 제출했으나 인턴으로

서너 달 정도 일한 게 취업 경력의 전부라고 한다. 기업이 요구하는 기준에 맞추기 위해 온갖 노력과 시간을 퍼부어도 그들은 고개를 숙이고 만다. 하지만 그들은 여전히 꿈을 버리지 않고 기다린다. 나 또한 그 같은 서러운 시절이 있었다.

기다리기를 좋아하는 사람이 어디 있으랴. 그런데도 사람들은 기다리고 또 기다린다.

아마도 기다리는 데 익숙해졌기 때문일 터이다. 어릴 적에는 시장에 간 어머니 기다리기, 생일 기다리기, 설날 기다리기, 그리고 유치원 입학을 손꼽아 기다렸다. 차츰 나이 들면서 졸업식 기다리기, 제대 날짜 기다리기, 사람들과의 약속 기다리기……. 그뿐이랴. 극장이며 경기장의 입장권을 사기 위해 기다리고, 연착하는 비행기를 기다리고 또 기다린다.

나는 그 당시로서는 조금 늦은 나이에 결혼을 하였다. 늑장을 부리자 집안의 맏이라는 이유로 부모의 채근이 있었으며, 거기에는 자손을 기다리는 마음이 깔려 있었다. 아무튼 부모를 모시고 함께 지내느라 신혼의 즐거움 같은 것도 모르고 살았다. 그런 가운데 아내는 첫아이를 가졌고, 조심스레 태중의 아이를 보살피며 살림을 살았다. 다들 새 생명이 태어나기를 기다리고 기다렸다. 그러다가 첫아이가 태어났고, 집안의 경사라는 소리를 들으며 기쁜 마음으로 나날을 보냈다. 세월은 참 빠르게 흘렀고, 그 아이가 자라서 제 짝을 만나 우리 곁을 떠났다.

그 아이도 우리처럼 아기를 가졌다. 우리 내외는 우리 때보다 더 많은 신경을 쓰면서 정성껏 보살폈다. 오랜 기다림 끝에 마침내 출산일이 되어 병원에 입원했다. 그들은 자연분만을 원했고, 우리 내외도 그러기를 바랐다. 마침내 해산을 위한 진통이 시작되었고, 시간이 많이 지났음에도 순산을 하지 못하고 고통스럽게 몸부림쳤다. 아내는 탈진 상태에 이른 산모의 모습을 차마 지켜 볼 수 없다며 눈시울을 붉혔고, 하는 수 없이 수술을 하기로 마음을 정한 뒤 초조하게 기다렸다. 당자인 사위가 가까이서 기다렸지만, 우리 내외는 그 같은 기다림을 또 기다렸다.

사람들은 기다리기를 싫어하면서도 왜 그렇게 열심히 기다릴까?

문득 오래 전에 보았던 외국 영화의 한 장면이 떠올랐다.

한 노인이 시골 길가에 앉아서 무엇인가를 먹고 있었다.

자전거를 타고 마을을 지나가던 경찰서장이 노인에게 물었다.

“영감님, 무엇을 자시는 겁니까?”

“곰배빵이랍니다.”

"빵 속에 무엇이 들어 있습니까?"

노인은 빙그레 미소를 지으며 손에 쥐고 있는 빵을 반으로 잘라 보여주었다. 그 속에는 아무것도 들어 있지 않았다. 경찰서장이 의아스러운 얼굴을 하자, 노인은 이렇게 대답했다.

"꿈이 들어 있다오."

제2차 세계대전이 끝난 얼마 뒤에 제작된 이탈리아의 영화 '빵과 사랑과 꿈' 속의 한 장면이다. 그것은 전쟁과 가난과 불행에도 굽히지 않고, 내일에 대한 희망을 안고 살아가던 이탈리아 사람들의 밝은 모습을 그린 영화였다.

예전부터 이탈리아 사람들은 곰배빵 속에 고기며 치즈며 야채를 두툼하게 넣어 먹었다. 그렇던 그들이 속이 빈 빵으로 끼니를 때우게 된 것이다. 그러면서도 그들은 내일에 대한 희망과 꿈을 잃지 않고 있었던 것이다.

희망은 가난한 사람들의 양식이다. 그 같은 의미의 말은 고대 희랍의 철학자 탈레스도 한 적이 있다. 물론 희망만으로 배가 부르고 인생이 행복해지는 것은 아니다. 하지만 때로는 기다림이 고단한 우리네 사람살이에 위안이 되거나 하나의 목표가 된다. 때로는 살아갈 이유가 되기도 하고.

사람들은 왜 기다리고 또 기다리는 것일까?

모르긴 해도 기다림만큼 고통스럽게 배운 게 없을 것이다.

입학시험 발표 기다리기, 북적거리는 병원에서의 차례 기다리기, 일자리를 찾는 사람들의 취업 통지 기다리기, 말없이 집 나간 자식 기다리기, 고단한 사람들의 무지개 기다리기, 그리고 기다림조차 기다리기. 그런가 하면, 그 같은 기다림이 끝나면 또 다른 일로 해서 기다리게 되리라는 것을 번연히 알면서도 기다린다.

기다리는 것도 사람이 살아가는 한 모습이다. 그런 즉 기다림의 기다림조차 받아들일 줄 아는 사람은 행복하다. 초등학교 입학을 기다리는 아이들보다 그 기다림을 지켜보는 어른들이 더 좋아하는 모습을 보라. (2012)

일탈을 꿈꾸며

문을 열고 들어서면 혼란스럽다. 물감이며 화구가 여기저기 널브러져 있다. 벽에는 완성된 그림과 아직 손질을 더 해야 할 그림들이 아무렇게나 붙어 있다. 눈길을 돌리면 밀쳐놓은 술병이며 술잔들이 눈에 뜨이기도 한다. 한쪽 구석에는 전시회를 마치고 가져다 놓은 작품들이 먼지를 뒤집어쓴 채 쌓여 있다. 임자를 만나지 못한 것들인데, 선택 받지 못한 사람들의 비애 같은 것을 생각하게 된다. 화가인 내 친구의 작업실 풍경이다.

그는 꽤나 낙천적인 사람이다. 언제나 자유분방하고, 친구들이 찾아가면 반가워서 어쩔 줄 모른다. 때로는 특유의 경상도 사투리를 섞어가며 이야기꽃을 피우기도 한다. 그는 무척 많은 것을 알고 있다. 친구들의 어린 시절 이야기부터 최근의 살아가는 이야기까지 훤하게 꿰고 있다. 그런가 하면 어려움을 당하고 있는 친구들에 대한 위로의 말도 빠뜨리지 않는다. 그와 함께 있으면 마음이 편안해진다.

내 작업실은 비교적 정리 정돈이 잘 되어 있다. 책들은 책꽂이에 가지런하게 꽂혀 있고, 벽에는 틀을 메운 그림이나 글씨가 걸려 있으며, 책상 위에는 글쓰기에 필요한 것들이 제자리에 놓여 있다. 사람들로부터 지나치게 신경을 쓴 것 같다는 소리를 듣지만, 무질서하게 흐트러진 환경에서는 책을 읽거나 글을 쓸 수가 없다.

잘 정돈된 환경 속에서 생활한다는 건 좋은 일이다. 그러나 때맞추어 청소를 해야 하고, 끄집어 낸 책이며 자료들을 제자리에 다시 꽂아야 하며, 못 쓰는 자료나 묵은 책들을 찾아내어 버려야 한다. 그러다 보면 일종의 압박감에 시달리게 되고, 거기에서 벗어나야겠다는 생각을 하기에 이른다. 그래서 친구의 작업실처럼 '무질서'를 시도해 보지만 번번이 실패하고 만다.

내다 버리려고 모아둔 헌책 더미 속에서 오래된 자료를 발견하였다. 쓰레기통에 던져 버리려고 하다가 다시 보았다. 거기에는 나의 지난날이 고스란히 남아 있었다. 그 자료를 만들려고 고생하던 모습이며 그때 그 시절 동료들의 얼굴이 하나둘 떠올랐다. 반가웠다. 살다 보면 빛이 바랜 허름한 것들 가운데서 아름다운 추억과 사람살이의 훈기를 느끼게 되는 것을…….

아내는 나더러 '대충대충 하고 살라'며 충고한다. 또한 '조금 흐트러진 구석이 있어야 복을 받는다'며 말끔하게 쓸고 닦는 것을 싫어한다. 그뿐 아니라 '물이 너무 맑으면 고기가 모이지 않는다'는 옛말을 들먹이며 핀잔을 주기도 한다.

아주 드문 일이지만, 아내가 여행을 가거나 한동안 집을 비우는 경우가 있다. 그럴 때면 지금이다 싶어 집안에 대청소를 한다. 옮길 것은 옮기고 버릴 것은 과감하게 내다 버린다. 그러다 보면 구석구석에 크고 작은 잡동사니가 발견되는데, 찬찬히 살펴보지도 않고 무작정 쓰레기통에 넣어버린다. 그렇게 한참 부산을 떨고 나면 집안이 말끔해진 것 같아서 기분이 한결 좋아진다.

아내가 돌아오면 칭찬은커녕 짜증부터 낸다. 내 딴에는 잘한다고 했는데, 쓸데없는 일을 했다며 잔소리를 듣기 일쑤이다. 그럴 만한 사연이 있다. 한번은 집안 청소는 물론, 옷장까지 들추어 정리를 하였다. 헌 옷가지며 양말 같은 잡동사니들을 죄다 끄집어내어서 버렸다. 아뿔싸, 내 습벽이 화근이었다.

그로 해서 아내의 귀중품들을 내다 버리는 실수를 저지르고 말았다. 여인네들은 귀중품을 그 같은 헌 물건들 속에 감추어 둔다는 것을 내 어찌 알았으랴. 아내의 한숨 섞인 푸념을 듣고 보니 무어라고 할 말이 없었다. 한동안 궁지에 몰린 쥐처럼 눈치를 살피며 지냈다.

이따금 아내와 함께 시장에 간다. 먹을거리며 생필품을 사러 갈 때가 있는가 하면, 무작정 집을 나설 때도 있다. 단순히 무엇을 산다는 것 말고도 심드렁해진 일상에 활력을 되찾을 수 있어서다. 시장은 시끌벅적하고 무질서하다. 값을 깎아 달라거나 하나 더 얹어 달라며 밀고 당기는 실랑이를 지켜보면서 사람살이란 게 저런 것이구나 싶어서 웃기도 한다. 또한 체면이나 품위 따위에 신경 쓸 필요가 없어서 마음이 편하다. 이것저것 살피면서 어슬렁거리다 보면 사는 게 즐겁고, 덤으로 세상 살아가는 이치를 터득할 수 있어서 좋다.

질서는 우리네 사람살이를 보호해 주는 하나의 규칙이다. 그러나 무질서한 질서 속에서 편안함을 누리거나 사람살이의 따뜻함을 느끼기도 한다. 그 같은 즐거움을 모른다면 질서는 아무런 의미가 없다. 그럼에도 불구하고 지금껏 지나치게 반듯한 질서만을 고집해 오지 않았던가. 자, 이제부터라도 일탈을 꿈꾸자. 낭만을 위하여! (2011)

꽃 구경 가요

새 생명이 움트고, 꽃이 피는 좋은 계절이다.

산과 들이 새로운 기운으로 술렁이고 있다. 나무들의 빛깔이 달라지는가 하면, 성미 급한 것들은 꽃을 피우고 있다. 문득 나들이를 하고 싶은 충동이 일어, 글벗과 함께 느긋한 마음으로 국도를 달렸다. 지금쯤 보문단지에는 벚꽃이 활짝 피었으리라.

경주에는 사람들과 차들로 만원이었다. 도로마다 차량이 꼬리를 물고 길게 늘어서서 움직이기가 쉽지 않았다. 차창을 열고 산천을 바라보며 넉넉한 마음으로 주거니 받거니 했다. 연분홍 벚꽃과 푸른 보리밭과 노란 유채꽃들이 한데 어우러진 들판이 참 아름다웠다. 그런가 하면 죽은 듯 꺼칠한 나뭇

가지에 생기가 도는 모습을 바라보는 순간 가슴이 뛰었다.

벚꽃은 화사하게 차려 입은 여인네를 떠올리게 한다.

겨우내 짓누르던 무겁고 칙칙한 것들을 훌훌 벗어 던진다. 화사하게 차려 입고 살랑거리는 봄바람과 더불어 나들이를 한다. 꽃들이 환하게 웃으며 반기는 숲길을 따라 걷는다. 걷고 또 걸어도 지루하지 않고, 먹지 않아도 배고프지 않으며, 비록 가진 것이 없어도 넉넉하다. 절로 콧노래가 흘러나온다.

벚꽃을 보고 있으면 성미 급한 여인네가 떠오른다.

은근하고 참을성 있는 여인네가 사랑 받는다. 정분이 도타워지자면 밥 지을 때 뜸을 들이듯 기다림이 필요하다. 우물에 가 숭늉 찾는다는 말처럼, 성미 급한 여인네는 왠지 믿음이 가지 않는다. 벚꽃 또한 그렇다. 잎이 나기도 전에 꽃부터 피우고, 제 성질을 삭이지 못해 피는가 하면 어느새 지고 만다. 마찬가지로, 세상사 급히 서두는 것은 결코 바람직하지 않다.

사람에게 인품이 있듯이 꽃에도 화품이 있다.

우리네 선인들은 꽃이 지닌 품격이나 지조를 보고 화품을 매겼다. 벚꽃은 모란이나 동백처럼 한 떨기씩 피지 않고 한꺼번에 피었다가 와르르 무너져 내린다. 그 모습을 천박하게 여겼던지, 벚꽃을 보고 시 한 수, 이야기 한 토막 남긴 것을 찾아 볼 수 없다. 그런가 하면 '버찌를 먹으면 눈물 날 일이 생긴다'는 말도 있다. 그래서 품격이 떨어지는 꽃이라 여겼을 성싶다.

구불구불한 산길을 천천히 걸었다. 풋풋한 바람이 코끝을 자극하고, 저만치 떠 있는 두어 척 놀잇배가 무척 평화로워 보였다. 오랜만에 만나는 드넓은 호수가 나를 유혹했다. 하지만 마음이 내키지 않았다.

꽃은 사람을 끌어당기는 힘을 가졌다. 아름다움을 지녔기 때문이다. 하지만 그 아름다움 속에는 추함이나 아픔이 깃들어 있다. 장미가 아름답기 그지없으나 줄기에 가시가 있는 게 좋은 본보기라 하겠다. 우리네 사람살이도 크게 다르지 않다. 웃음 속에는 눈물의 씨앗이 감추어져 있고, 만남의 기쁨 가운데는 헤어짐의 아픔이 도사리고 있다. 나아가 사람살이의 행·불행 또한 같은 이치가 아니겠는가.

무릇 꽃은 지기 마련이지만, 이울고 나면 왠지 허전하다.

나만 그런 게 아니다. 선인들도 활짝 핀 꽃보다 떨어지는 꽃잎에 더 많은 정감을 실었다. 흩날리는 꽃잎을 보면서 애틋한 심사를 털어놓기도 했다. 어떤 시인은 '꽃이 지는 아침은 울고 싶다'고 읊조렸고, 어떤 이는 또 이렇게 말하였다.

"복사꽃 지는 것을 보고도 술을 마시지 않는 사람이 있다면, 그는 인생의 반을 헛 산 사람이다. 그런 사람과는 더불어 인생을 논할 가치가 없다. 눈물을 모르는 사람일 테니 말이다."*

왜, 보잘것없는 꽃잎에서 그다지도 애틋한 정감을 느꼈을까?

아마도 흩날리는 꽃잎에서 세월의 무상함을 느꼈으리라. 그와 함께 인생의 상념이 일기도 했으리라. 그러나 꽃잎을 바라보며 섭리를 헤아릴 수 있는 사람은 그리 많지 않다. 세속의 분별이나 시간으로부터 한 걸음 물러서 있는 사람이라야 가능하기 때문이다.

그뿐이랴, 봄날의 꽃 구경은 혈육의 생이별이기도 하다.

'어머니, 꽃 구경 가요~ 제 등에 업히어 꽃 구경 가요. 세상이 온통 꽃 핀 봄날~ 어머니는 좋아라고~ 아들 등에 업혔네. 마을을 지나고~ 산길을 지나고~ 산자락에 휘감겨~ 숲길이 짙어지자~ 아이고머니나! 어머니는 그만 말을 잃더니, 꽃 구경 봄 구경~ 눈감아 버리더니~. 한 움큼씩 한 움큼씩 솔잎을 따서~ 가는 길 뒤에다 뿌리며 가네~. 어머니, 지금 뭐 하나요. 아들아, 아들아, 내 아들아~ 너 혼자 내려갈 일 걱정이구나~ 길 잃고 헤맬까 걱정이구나.'**

한동안 흥얼거리다가 눈시울이 붉어지고 콧등이 시큰해

졌다.

문득 소리꾼 장사익의 열창하는 모습이 떠오르기도 했다.

흩날리는 꽃잎이 내 가슴에 내려앉는다. 화무십일홍花無十日紅이라고, 한 번 성하면 반드시 쇠하는 게 정한 이치다. 꽃은 피었다가 지기 마련이고, 사람도 왔다가 돌아가는 게 순리다. 하지만 혈육의 생이별은 그 아픔이 너무나 크고 무겁다. 그런데도 어머니는 아들이 길을 잃고 헤맬까 걱정하고 있으니……. 꽃이 지고 나서야 비로소 꽃이 보인다고 하였던가.

세상살이 분주해도 환하게 웃고 있는 저 꽃 좀 보소. (2010)

* 손광성이 '꽃 문화 산책'에서 한 말이다.

** 김형영의 시를 장사익이 노래로 엮었다.

점심 이야기

우리네 선조들의 점심 이야기.

예전에도 점심은 있었다. 그러나 아침과 저녁 사이에 먹는 식사만이 점심은 아니었다. 조선 시대 성호 이익은 '조금 먹는 것을 점심이라 한다'는 글에서 "이른 새벽에 소식小食하는 것을 점심이라 한다"고 적었다. 이때의 점심은 아침 식사 전에 먹는 참을 뜻한다.

고려 말 역관들의 중국어 학습 교재였던 『노걸대老乞大』에도 이른 새벽에 먹는 것을 점심이라고 했다는 기록이 있다. 이 같은 '소식이 곧 점심'은 아침 식전에만 있는 게 아니었다. 이덕무는 '먹는 것을 경계함'이란 글에서 "부잣집에서는 하루에 일곱 끼를 먹는다"면서 '한 사람의 식사비로 백 사람이 먹을 수 있다'고 지적하고 있다.

정조는 「일득록日得錄」에 이렇게 적고 있다. "나는 평일에 아침과 저녁의 두 끼 외에 세속에서 칭하는 조반과 점심을 올리지 못하게 하였다". 그 시절 아침 식사 전의 조반은 부자들 사이에서 일종의 관행이었으나, 정조는 하루에 두 끼만 올리게 한 것이다. 검소함의 모범을 보이기 위해서였다.

『태종실록』 9년 윤4월조에 '대궐 내의 낮 점심을 폐지하라고 명령했다'는 기록이 있다. 이로 미루어 보아 점심을 제공했음을 알 수 있다. 또한 중종 19년 3월 호조판서 안윤덕은 가뭄을 이유로 사학四學 유생들에게는 반 점심半點心만 제공하자고 주장했다. 반 되 밥이 반 점심이니 온 점심은 한 되 밥이었다.

예부터 대추 한 개로 요기한다는 말이 있었다. 어느 집 양반이 하인을 데리고 길을 나섰다. 한참을 가다가 시장기가 들자 허리춤을 뒤져서 대추 몇 개를 꺼냈다. 그 가운데서 한 개를 입에 넣고 오물오물 씹어 먹더니 이어서 한 개를 더 먹었다. 그리고는 하인에게도 한 개를 건네주었다. 조금 있다가 하인에게 "요기가 되느냐"고 물었다. 그러자 하인의 대답인즉 "한 개를 먹어서 요기가 되면, 두 개 먹은 사람은 배가 터지겠네요" 했다던가. 아무튼, 시장기를 면할 정도로 조금 먹는 것을 점심이라 하였다.

오늘 우리 시대의 점심 이야기.

1960년대까지만 해도 점심을 먹지 못하는 사람들이 수두룩했었다. 이른바 보릿고개를 넘나들던 가난한 시절이었다. 학교에 가면 점심을 싸오지 못하는 학생들이 많았는데, 그들은 나무 그늘이나 구석진 곳에 앉아서 멍하니 하늘을 바라보며 점심때를 보냈다. 그뿐이랴. 산에서 나무를 심는 사람들, 제방 공사 현장에서 일하는 사람들도 물로 배를 채우며 때를 넘겼다. 그렇게 허기를 달래며 하루의 고된 작업을 마치면, 미국의 원조로 지급하던 밀가루 배급표를 받을 수 있었다. 그때 그 시절에는 아침과 저녁만 먹을 수 있어도 다행으로 여겼다.

오늘처럼 풍요한 세상에도 한 끼의 식사를 걱정하는 사람들이 있다. 홀로 사는 노인들이나 노숙자들이 점심때가 되면 무료 급식소를 찾는다. 그들은 길게 줄을 서서 차례를 기다린다. 그런가 하면, 아프리카 어린이들의 굶주리는 모습이 눈에 어른거릴 때도 있다. 풍요 속에 빈곤을 실감하게 되지만, 그런 가운데서도 정성을 다해 보살피는 사람들이 있다. 사랑을 실천하는 사람들, 그들로 해서 우리네 사람살이가 훈훈해진다. 그런데, 왜 부자보다 가난한 사람이 어려운 이웃을 돕는

데 더 열성적일까?

점심으로 인정을 내거나 대화를 즐기는 사람들도 있다. 사업하는 사람들, 시간에 맞춰 살아가는 직장인들, 자주 만나지 못하는 친구들, 가정에서 살림하는 주부들……. 값싸고 맛있는 집 또는 분위기 좋은 음식점에서 한 끼의 식사를 대접하거나 대접받기도 한다. 모처럼 이야기꽃을 피우며 웃고 즐기는 가운데 점심을 먹는다. 그런가 하면 청탁을 하거나 은밀한 거래가 이루어지기도 한다. 그로 해서 서양에서는 '세상에 공짜 점심은 없다'는 말이 생겨나기도 했다.

이따금 점심을 먹으러 도심에 나간다. 지하철 반월당역에서 내려 조금 걸으면 골목길이 보인다. 그 어귀에 있는 작고 허름한 집인데, 밥값으로 5,000원을 내면 마음껏 먹을 수 있다. 자리에 앉으면 곧장 밥상이 차려진다. 갓 지은 밥과 일고여덟 가지의 나물반찬, 그리고 생선 한 토막과 따끈한 국이 나온다. 정갈하고 푸짐한 음식이 입맛을 사로잡는다. 거기다 수더분한 아주머니의 인정까지 곁들이면 한 끼의 식사가 더없이 즐겁다. 주변을 돌아본다. 나이 지긋한 사람들, 정장 차림의 신사들, 제복을 입은 경찰관들, 젊은 직장 여성들…… 다들 행복한 표정이다. 나 또한 행복하다. 가게의 이름마저 '행복식당'이다. (2012)

막걸리 예찬

나라 안팎에서 막걸리 열풍이 드세다.

'값이 싸고 건강에 좋다'는 소문에 너도나도 막걸리를 찾고 있다. 심지어 여성들이나 외국인들까지 대열에 끼어들고 있다. 어떤 외국 사람은 "한국 사람들과 어울려 막걸리를 나누어 마시다 보면 맛에 취하고, 향에 취하고, 한국의 정에 취한다."고 하였다.

예부터 대구는 막걸리의 고장으로 불렸다.

밑술을 발효시킨 다음 체에다 뭉개 큰 술지게미를 걸러낸 술이 탁주다. 여기에다 물을 적당량 섞어 다시 한 번 자루나 체에 걸러내면 막걸리가 되는데, 알코올 도수가 6~8도를 넘지 않는다. 도수가 높지 않아 술을 잘 못 마시는 사람이나 여성들도 마시기에 좋다. 또한 막걸리는 그 자체만으로도 맛이 좋지만, 김치·파전·보쌈 같은 음식과 아주 잘 어울린다. 주변의 다른 음식과 어우러질 때 더욱 맛을 내는 술이 막걸리다.

막걸리는 나이 든 사람들이 즐겨 마시던 술이다.

궁핍했던 시절, 허름한 뒷골목 술집에서 마시던 술이다. 왕소금이나 멸치 따위의 간단한 안주로 대폿잔을 기울이며 울울한 심사를 달래곤 했었다. 또한 가난한 문인들이 피란살이의 시름을 달래기에 안성맞춤이었다. 그 시절 대구에는 이름난 막걸리 집이 많았다. 감나무집·말대가리집·도로메기집·석류나무집, 그밖에 문패도 번지도 없는 허름한 술집들이 골목마다 자리 잡고 있었다. 그곳에 가면 피란살이에 시달리던 문인과 예술가들을 만날 수 있었다. 오상순·마해송·이한직·조지훈·최인욱·이윤수·박훈산·왕학수·권태호·이상범…….

박정희 전 대통령도 막걸리 애호가였다.

2군사령부에 있을 적에는 지기지우였던 구상 시인과 자주 어울렸다. 그밖에 조지훈 시인, 이병주 국제신문 주필, 왕학수 고려대 교수와도 자주 어울렸다. 허름한 막걸리 집에서 밤늦도록 마셨고, 이튿날 국일집이나 청도집 같은 곳에서 해장

국으로 속 풀이를 했었다. 그뿐이랴. 대통령이 되고 난 뒤에도 막걸리를 좋아했다. 이따금 대구에 내려와 숙소를 잡으면 비서들이 불로동 양조장에서 막걸리를 받아가기도 했었다.

이제는 막걸리가 나이 든 사람들만의 술이 아니다.

젊은이들도 즐겨 마시는 술이 되었다. 막걸리의 변신은 무죄라는 말도 있지만, 다양한 칵테일의 등장으로 예측할 수 없을 만큼 변화가 무궁무진하다. 딸기 · 키위 · 포도 · 블루벨리 같은 과일이 빚어내는 빨강 · 노랑 · 보라 등 화려한 칵테일이 젊은 여심을 사로잡고 있다. 언뜻 보면 주스 같기도 와인 같기도 한데, 젊은이들은 저마다의 취향에 따라 색다른 맛을 즐기려 하기 때문이다.

막걸리는 자랑할 게 많은 술이다.

달콤 쌉쌀한 첫맛이나 톡 쏘는 뒷맛이 그저 그만이다. 세계의 어느 술도 흉내 낼 수 없는 개성 있는 술이다. 또한 맛이 진하지 않아 여러 음식과 궁합을 잘 맞출 수 있다. 그리고 단백질과 섬유질이 풍부하고, 효모를 많이 함유하고 있어서 건강과 미용에 좋은 술이다. 그뿐 아니라 지역마다 전해 내려오는 풍부한 이야기를 잘 활용하면 세련된 스토리텔링 마케팅도 가능하다.

막걸리도 세계적인 명주가 될 수 있다. 그러자면 와인처럼 일반 막걸리와 고급 막걸리로 차별화할 필요가 있다. 자칫 잘못하면 '싸구려 술'로 오인 받을 수 있기 때문이다. 그리고 비싼 값을 매기자면 단순하게 술만 고급화할 것이 아니라, 그럴싸한 스토리가 깃든 명주로 거듭나야 한다.

나라마다 고유의 전통 술이 있다. 영국의 위스키, 프랑스의 와인, 독일의 맥주, 일본의 청주가 대표적인 술이라 할 수 있다. 선진국치고 양조산업을 육성하지 않은 나라가 없다. 세계적인 명주로 손꼽히는 '보졸레 누보'도 처음부터 고급 술은 아니었다. 이제 막걸리도 세계적인 명주로 육성할 필요가 있지 않을까 생각해 본다. 술은 문화다. 파급효과가 크다. (2012)

낮잠 예찬

낮잠은 게으른 사람의 좋지 못한 버릇이라며 나무란다. 그 반대로 몸에 좋다며 권장하는 사람도 있다. 그런가 하면 내 알 바 아니라는 듯 잠꼬대를 해가며 꿈속을 헤매는 사람도 있다.

공자의 제자들 가운데 재여宰予라는 사람이 있었다. 그는 스승에게 사사건건 대든 문제의 제자였다. 그가 점심을 먹고 나서 낮잠을 자러 침실에 드는 것을 보고 공자가 말했다. "썩은 나무로는 조각을 할 수 없고, 진이 빠진 흙으로는 벽을 칠 수 없다"고. 촌각을 아껴야 할 학자로서 낮잠 자는 것을 두고 장래를 점친 것이다.

그는 뒷날 제나라의 대부로 출세하였다. 그러자 그의 낮잠은 썩으려 하는 나무에 생기를 주고, 푸석한 흙에 진기를 넣는 행위라 하였다. 격식보다 실사에 비중을 둘 때 곧잘 인용하는 비유이기도 하다. 그는 스승의 꾸지람과 실망을 무릅쓰고, 낮잠은 악덕이 아님을 주장한 낮잠 긍정론자였다.

하후은夏侯隱은 명석한 사리판단으로 유명해진 사람이다. 그런 그가 산을 오를 때나 물을 건널 때에도 졸면서 걷고 건넜다. 동행하는 사람이 코 고는 소리를 들을 정도였는데도 징검다리 하나 헛딛지 않았다 한다. 곧 낮잠이 머리를 명석하게 해준다는 사실을 그 옛날에 이미 입증했던 셈이다.

장개석의 낮잠 또한 널리 알려져 있다. 그는 전쟁 중의 시급한 사안일지라도 낮잠 뒤로 미룰 정도였다. 또한 슈베르트의 '아베마리아'를 틀어놓고 자는 습관이 있었다. 그래서 노래가 끝나 '치익치익' 하는 소리가 들리면 그가 잠들었다는 것을 알았다고 한다.

개화기에 외국인들이 써서 남긴 이 땅의 관리들 이야기가 있다. 고관들은 출근할 때 심부름하는 아이들에게 결재 도장이 든 인끈과 장죽, 돗자리와 목침을 들리고 행차한다는 것이다. 육조六曹의 관아마다 가장자리 곁방을 낮잠 공간으로 비워두었을 뿐 아니라, 낮잠 도구를 휴대하는 것이 관행이었다. 게으른 행태라고 지탄했지만, 낮잠 공간을 공식화한 데는 게 으름만이 아닌 발전적 저의가 있지 않았을까 싶다.

오래된 내 이야기다. 무더운 여름 날, 들 가운데 있는 원두막에 올랐다. 갑자기 소나기를 만나 피할 곳을 찾다가 마땅한 곳이 없어서 엉겁결에 뛰어들게 되었다. 비가 장대같이 쏟아졌다. 젖은 옷을 훌훌 벗어젖히고 앉았으니 시원함은 말할 것도 없고, 제법 운치마저 느낄 수 있었다. 곧 그칠 줄 알았던 비는 그치지 않고, 기다리다가 나도 모르게 잠이 들고 말았다. 더위에 시달리고 걸음에 지쳤던 터라 세상 모르고 한숨 잤다. 꿀맛 같았다. 그 사이에 비는 그쳤고, 냇물이 콸콸 소리를 내며 흐르고 있었다.

근자에 이르러 낮잠을 즐기는 버릇이 생겼다. 젊은 시절 바쁘게 생활할 적에는 엄두도 내지 못하던 일이다. 그때 그 시절에는 낮잠은커녕 밤잠도 설쳐가며 일을 했었다. 아침에 일어나면 몸은 피로가 쌓여 마치 물 먹은 솜처럼 천근같이 무거웠다. 그러다가 자유인이 되고 나니 주체할 수 없을 정도로 시간이 남아돌았다. 거기다 점심을 먹고 나면 식곤증에 시달리다가 이내 잠에 빠져들곤 한다. 때로는 읽을거리를 들고 앉았다가 스르르 낮잠에 빠져들기도 한다.

낮잠을 자고 나면 머리가 한결 개운하다. 마치 뿌연 안개에 휩싸여 있다가 벗어난 것 같은 느낌이 들 때도 있다. 그래서 몸이 무겁고 나른하거나, 생각이 잘 풀리지 않으면 의자에 앉아서라도 잠시 눈을 붙이려고 애를 쓴다. 그럴 때는 차 한 잔 마실 정도의 시간이면 충분하다. 한숨 자고 나면 찌뿌드드하던 몸이 가뿐해지고, 꽉 막혔던 생각도 술술 풀린다.

사람의 두뇌 가운데 간뇌間腦라는 게 있다. 잡다한 외부 자극을 수용 판단하여 그에 맞는 행동을 명령하는 기능을 담당한다. 사람의 두뇌도 바쁘게 살다 보면 마치 전화 교환대처럼 혼선으로 마비되는 경우가 자주 생기게 마련이다. 그것을 가지런하게 정돈해 주는 것 가운데 하나가 낮잠이라고 한다. 실제로 하루에 한 시간 안팎의 낮잠은 기억력이나 판단력·분석력을 높여준다는 보도가 있었다. 미국의 유명 대학교 연구팀이 실시한 실험 결과라고 하였다.

무더위가 기승을 부리는 계절이다. 소나기라도 한 줄기 내렸으면 좋으련만, 그런 기미조차 보이지 않는다. 공연히 짜증 부리지 말고, 낮잠이라도 한숨 즐기시는 게 어떨는지요.

(2012)

말로써 말 많으니

말이 말을 낳고, 시비가 시비를 불러오게 마련이다.

앞에 나서서 설쳐대는 사람들, 특히 정치인들은 말을 많이 한다. 그만큼 빈말 헛말도 많이 하지만, 때로는 설화舌禍에 휘말리기도 한다. 그 가운데서 종교에 관한 말, 인종이나 피부색에 관한 말, 여성들에 관한 말들은 아주 민감해서 곧장 일파만파로 번져 나가 사회문제가 되기도 한다. 나의 종교가 소중하면 남의 종교 또한 소중하다. 인종이나 피부색이 그 사람을 평가하는 잣대가 되어서는 안 된다. 그리고 여성들을 비하하거나 희롱하는 것은 교양이나 인격을 의심받게 된다.

근자에 일어난 일이다. 다문화가정의 여성이 국회의원에 당선되었다. 참으로 장한 일이라 하지 않을 수 없다. 그는 낯선 땅으로 시집을 와서 가정을 이루었고, 자녀들을 낳았으며, 국적을 취득하였다. 불의의 사고로 남편을 먼저 떠나보내는 아픔을 겪기도 하였다. 그럼에도 불구하고 꿋꿋하게 삶을 꾸려가고 있는 모습이 보기에 참 좋다.

그녀의 일로 해서 우리네 지난날을 되돌아보게 된다.

개화기에 우리네 선조들도 살길을 찾아서 낯선 땅으로 떠났다. 그들은 외롭고 고단한 가운데서도 억척스럽게 삶을 일구면서 자녀들을 잘 길렀다. 자녀들 가운데는 숱한 고생 끝에 성공하고 출세한 사람들도 많다. 우리는 그들에게 뜨거운 박수와 성원을 보내고 있다. 역지사지易地思之라고, 이 땅의 다문화가족에게도 따뜻한 격려와 성원을 보내는 게 도리가 아니겠는가.

말은 곧 사람이다. 말을 들어보면 그 사람이 보인다. 쓸데없이 말이 많은 것은 내면이 텅 비었기 때문이다. 그런 사람들은 남들이 자신의 약점을 알아차릴까 봐 쉴 새 없이 떠들며 인정을 받으려 든다. 또한 줏대가 없는 사람들의 말은 난폭하다. 함부로 떠들고 멋대로 지껄인다. 그래서 말수가 적을수록 사람값이 올라가는 법, 침묵 속에는 함부로 범접하기 어려운 힘이 있다.

옛글에 이런 구절이 있다. 착한 말, 착한 행동, 착한 생각을 하면서도 군자가 되지 못한 경우가 없다. 또한 착하지 못한 말, 착하지 못한 행동, 착하지 못한 생각을 하면서도 소인이 되지 않은 경우는 없다. 착한 말이 군자에 이르는 첫 단계라는 뜻인데, 소학小學에 있는 구절이다.

옛 사람들은 말을 삼가고 또 삼갔다. 그들의 언행록을 살펴보면, 말을 하고 싶어서가 아니라 하지 않을 수 없어서 부득이 했다는 것을 알 수 있다. 조선의 세종은 재위 1년 승지들에게 "가뭄이 너무 심하니 정사의 잘못이 없는지 널리 아름다운 말을 구하라"고 일렀다. 아름다운 말과 선행이 하늘을 감동시켜 가뭄을 해소해 주기를 바랐던 것이다.

우리말은 참 아름다운 언어이다. 같은 말이라도 어떻게 부리느냐에 따라 그 느낌이 확연히 달라진다. 이전부터 '아' 다르고 '어' 다르다고 하였고, '아 해 다르고, 어 해 다르다'고도 하였다. '알록달록' 예쁜 색동저고리를 '얼룩덜룩'하다고 하면 졸지에 지저분해지고 만다. 또한 '산봉우리'를 '산봉오리'라 하면 별로 높지 않을 것 같은 느낌이 들고, '꽃봉오리'를 '꽃봉우리'라 하면 예쁜 맛이 사라진다.

말의 값어치가 땅에 떨어진 세상이 되고 말았다. 우리네 말살이를 살펴보면 말이 너무 많고 거칠거나 사납다. 텔레비전이나 인터넷 같은 문명의 이기가 한술 더 뜬다. 그런가 하면 정작 말해야 할 때는 꿀 먹은 벙어리로 앉아 있기 일쑤이다. 말해야 할 때 침묵하고, 침묵해야 할 때 떠드는 세태가 되었다. 사람들은 언제나 거꾸로 한다.

나는 텔레비전을 잘 보지 않는다. 보아도 그만 보지 않아도 그만인 것들, 또한 푸닥거리를 하듯 쏟아놓는 거친 언행이 정신을 어지럽게 하기 때문이다. 그래서 날씨나 필요한 뉴스 정도만 골라서 보고 이내 꺼 버린다. 그마저도 소리를 죽이고 그림만 보는데, 자막만으로도 이해하는 데 불편함이 없다. 방송이 격을 상실한 지 오래다.

요즈음 방송가에서 '구라'라는 말이 유행하고 있다. 그것은 일본어 '구라이'에서 비롯된 말인데, '거짓말' 또는 '이야기'를 뜻하는 은어로 사용되고 있다. 가만히 들어보면 잘난 척 하는데, 결국은 남을 헐뜯는 데 열을 올리고 있다. 어쨌든 구라口羅, 즉 입에서 비단 같은 말이 나와야 제대로 된 '구라꾼'이라 할 수 있지 않을까.

서양 음악 가운데 '무언가無言歌'라는 작품이 있다.

펠릭스 멘델스존Felix Mendelssohn, 1809~1847이 작곡한 마흔여덟 개의 아름다운 곡이다. 노래이기는 하되 말이 없는 노래, 가사가 없어도 곡만으로 말 이상의 뜻을 나타낸 노래, 피아노의 선율만으로 노래한 작품이다. 짧지만 완성도가 매우 높은 곡들이다. 다양한 개성, 감정의 폭과 깊이, 거칠 것 없는 상상력을 모두 보여준다. 그 가운데는 가곡의 성격이 뚜렷한 곡도 있지만, 대부분 추상적이며 순수한 연주곡으로 잘 어울린다. 아마추어가 연주하기에 어렵지 않은 곡이지만, 뛰어난 연주자들도 도전하고 싶어 하는 아름다운 작품이다.

세상에는 말하고 싶어서 어쩔 줄 모르는 사람들이 무척 많다.

그런 사람들의 말이 우리네 삶에 어떤 이로움이 있다고 하기 어렵다. 오히려 해악을 끼치는 경우가 더 많다. 오해나 다툼이 생기고, 분열과 갈등을 부추기며, 심하면 원한을 사기도 한다. 무릇 말을 삼가면 허물이 없는 법, 하지 않아도 될 말은 하지 말아야 한다. 나라고 해서 예외일 수 없다. 무심코 내뱉은 한 마디가 상처를 주지 않았을까, 생각하면 두려운 마음 금할 길 없다. (2012)

오월의 정원을 거닐며

오월의 푸른 산이 손에 잡힐 듯 다가온다.

가벼운 옷차림으로 집을 나선다. 오월의 정원으로 향한다. 잉잉거리는 벌들을 길동무 삼아 느릿느릿 걷고 있으니 흥얼흥얼 콧노래가 절로 나온다. 이름 모를 산새들도, 개울물도 맑은 소리로 화답하며 반긴다. 고요와 푸르름이 깃든 오솔길, 햇빛은 반짝이고 나무들은 수런거린다. 저절로 마음이 넉넉해져서 길섶의 들꽃들과 일일이 눈을 맞춘다.

새삼 감사하는 마음, 겸허한 마음으로 사람살이의 이치를 더듬어 보게 된다.

산은 말이 없다. 거대한 침묵의 덩어리다. 엄청난 무게에 숨이 막힐 것 같은 느낌이 들 때도 있다. 하지만 사유의 틀을 조금만 바꾸면 살아가는 모습에 많은 변화가 일어난다. 먼저, 고정관념에서 벗어나는 일이다. 그리하면 빠듯한 일상에 여유가 생기고, 찌들고 굳어 버린 삶에 새로운 기운이 꿈틀거리며 되살아난다. 내일에 대한 소망과 열정으로 가슴이 벅차오르기도 한다.

자연은 말없이 많은 깨우침을 준다. 자연 앞에서는 내가 알고 있는 하찮은 지식 따위는 접어 두어야 한다. 또한 입을 다물고 귀를 기울여야 한다. 사람의 몸에 입은 하나인데 귀가 둘인 것은 말하기보다 더 많이 들으라는 뜻이라고 하지만, 거대한 자연 앞에서는 겸손해야 한다. 그래야 우주의 언어를 들을 수 있고, 창조의 비밀이며 사랑의 신비를 캐낼 수도 있다.

태초에 말씀이 있기 이전에 무거운 침묵이 있었음을 상기할 필요가 있다. 침묵이야말로 자연의 말이자 우주의 언어이기 때문이다. 거대한 자연 앞에서 인간은 침묵의 지혜를 터득해야 한다. 그와 함께 인간도 자연의 한 부분임을 알아차려야 한다. 그리하면 절로 겸손해지게 마련이다.

침묵은 입을 다물고 말을 하지 않는 것이다. 그런데 겉으로는 입을 다물고 있지만, 마음속으로는 다른 사람을 원망하고 시기하며 헐뜯느라 분주한 사람들이 있다. 쉼 없이 지껄여 대는 것과 다를 바 없다. 그런가 하면 아침부터 저녁까지 말을 하면서 침묵을 지키는 사람들도 있다. 입을 다물어 말을 하지 않는 게 아니라, 필요 없는 말은 한 마디도 하지 않는 사람들이다.

옛사람들 가운데 말을 삼가고 또 삼간 사람이 있었다.

미수眉叟 허목許穆은 한평생 말을 삼가고 또 삼가려 노력한 사람이었다. 그가 그의 문집 이름을 '기언記言'이라 한 것도 자신의 말을 책임지기 위함이라 하였다. 그런 그가 연천에 살면서 가까운 이웃들과 모임 하나를 만들고, 그 이름을 '불여묵사不如嘿社'라 하였는데, 그때 그의 나이가 일흔 일곱이었다.

그의 말인즉 이러하였다. 삼가 침묵하면 말이 적고, 말이 적으면 오로지 경계하게 된다. 오로지 경계하면 허물이 적다. 때문에 우리 모임을 '침묵하는 것만 같지 않다'는 뜻으로 불여묵사라 이름 붙이고, 그것을 써서 나 자신을 경계하려 한다.

그는 여든한 살 때 숙종이 즉위하자 대사헌으로 부름을 받았다. 그 뒤 극진한 우대를 받아 한 해에 다섯 번이나 영전을 거듭하며 우의정 자리에 올랐다. 그리고 여든두 살에 신하의 영예인 궤장几杖을 받았다. 그때까지 무사하게 살 수 있었던 것이 모두 자신의 언행을 경계하여 허물을 적게 하려고 노력하고 또 노력한 결과라 하였다.

자연은 세상사에 보다 대범해지라고 일깨워 준다.

나는 지금껏 꽤 많은 글을 써왔다. 한때는 개성 없는 문장으로 겉모습만 그려내는 데 머물러 있었다. 머릿속에는 전하고 싶은 생각들이 들끓고 있음에도 그것들을 제대로 그려내지 못했다. 그 같은 답답함에서 벗어나려고 몸부림치기도 했으나 쉽게 달라지지 않았다.

언제부턴가 사유의 틀을 넓히려고 마음먹었다. 아울러 표현을 단순화하고자 애썼다. 불필요한 기교나 너스레 같은 것들은 중요하지 않다는 생각이 들었다. 사물이나 현상의 본질에 접근하고자 애쓰면서 그것과 관계가 없는 것들은 과감하게 버렸다. 한동안 혼란스러웠지만, 한결 간결하고 뚜렷해진 문장에 자신감을 얻었다. 작가에게 있어서 소중한 것은 개성이다.

작가들은 은연중 주변의 소리에 귀를 기울이는 경향이 있다.

한 권의 책을 세상에 내놓기까지 작가는 많은 고통을 감내해야 한다. 그러나 독자들은 그 같은 고통을 잘 알지 못한다. 얼마나 쓰라린 체험을 했고, 구상하느라 얼마나 골머리를 앓았으며, 표현하는 데 얼마나 많은 애를 썼는지 모른다. 하지만 작가는 쓰는 즐거움과 생각의 짐을 벗어버리는 데서 보람을 찾아야 할 뿐, 다른 것에는 무관심해야 한다. 칭찬이나 비난, 성공이나 실패 따위는 아랑곳하지 말아야 한다. 지혜로운 사람은 말없이 자신의 길을 간다.

자연은 단순히 눈에 보이는 현상만이 아니다. 거기에는 시가 있고, 음악이 있으며, 사상이 있는가 하면 종교가 있다. 인류 역사상 위대한 사상이나 종교는 교실에서가 아니라, 때 묻지 않은 대자연 속에서 움트고 자란다는 사실을 되새겨 볼 필요가 있다. 말을 삼가고 마음을 가라앉혀 생각을 모을 일이다.

오월의 싱그러움이 지친 눈과 가슴을 시원하게 틔워준다.

드넓은 무대에 아름다운 노래와 율동이 넘쳐흐른다. 벌들이 잉잉거리는가 하면, 풀벌레들의 합창이 이어지고, 연둣빛 새 잎사귀들은 힘찬 율동으로 생명의 존귀함을 찬미한다. 간간이 소풍 나온 아이들의 웃음소리가 들리기도 한다. 오월의 정원, 생명의 기운을 마음껏 들이마시는 것만으로도 행복하다. (2012)

해질녘, 그 아름다운 침묵

나는 해질녘 고즈넉한 분위기를 좋아한다. 어릴 적 외가에 갔다가 어둑어둑한 땅거미를 밟으며 돌아오던 기억이 아련하다. 나지막한 초가의 굴뚝에서 희뿌옇게 피어오르던 밥 짓는 연기며, 서쪽 하늘을 붉게 물들이던 해 질 무렵 풍경이 신비로웠다. 지금도 사물의 윤곽이 아스라해지기 시작할 즈음이면 왠지 모르게 마음이 차분하게 가라앉는다.

미국에서 보았던 해질녘 풍광이 눈에 선하다. 하이웨이를 달리다가 도로를 타고 앉아 있는, 우리네 육교처럼 생긴 곳에 자리 잡은 휴게소에 차를 세웠다. 낯선 땅에서 맞닥뜨리는 노을을 그냥 지나칠 수 없었다. 눈앞을 가로막는 것이라고는 아무것도 없는 드넓은 지평선 너머로 펼쳐지는 아름다운 풍광이 나를 사로잡았다. 마치 하늘과 땅이 한데 엉겨 붙어 불타고 있는 것 같은 착각에 빠져들었다. 장관이었다. 한동안 말을 잃은 사람처럼 서쪽 하늘을 바라보았다. 차츰 숙연해지면서 사람살이의 본질적인 문제들이 하나둘 떠올랐다.

해질녘 풍광을 좋아한다는 이들이 적지 않다. 뜻밖이다. 시간을 내어 가까운 동산에 오르거나 강변을 거닐며 지는 해를 바라본다. 슬며시 다가오는 어떤 정취・그리움・아름다움에 빠져든다. 지는 해를 바라보며 이 같은 현상에 빠져드는 것은 사람들의 보편적인 감성인 듯싶다.

『인간의 위대한 스승들』이라는 책이 있다. 거기에는 평생 아프리카에서 자연을 연구한 어느 동물학자의 이야기가 실려 있다. 어느 날 그는 하늘을 온통 붉게 물들이며 스러져 가는 석양을 바라보고 있었다. 그때 숲 속에서 파파야 묶음을 든 침팬지 한 마리가 나타났다. 지는 해를 발견한 그 침팬지는 쥐고 있던 파파야를 슬그머니 내려놓더니, 시시각각으로 변하는 노을을 한동안 물끄러미 바라보았다. 그러다가 해가 완전히 사라지자 터덜터덜 숲으로 돌아갔다고 한다. 땅에 내려놓은 파파야는 까맣게 잊은 채. 침팬지의 삶도 피안의 순간에는 생명 유지에 필요한 먹을 것 그 이상의 무엇인가를 찾고 있었나 보다.

측백나무 숲은 붉은 황혼에 젖어/ 고흐의 화폭처럼 타오르고/ 측백나무 향기는 어느 상징보다 깊다./ 나는 오랫동안 그 밑에 서서/ 불 타 오르는 향기 같은 것을 생각한다./ 향기를 지니인 사람과/ 뒤에 이 측백나무 숲에 와서/ 또 길을 걸을 나종 사람도 생각한다.

– 권국명의 「측백나무 숲을 알고 있다」 가운데서

아침이 있으면 저녁이 있듯이, 인생에도 소년이 있으면 노년이 있게 마련이다. 아침나절을 소년에 비한다면, 해질녘은 노년의 모습이라 해도 좋으리라. 해질녘은 노을이 아름답지만, 인생의 노년은 오래된 측백나무 같은 향기가 난다.

무릇 생명을 가진 존재는 나이를 먹는다. 사람도 예외가 아니다. 흔히들 청춘이 가는 것, 나이 드는 것, 늙는 것을 서러워한다. 그러나 지나간 세월을 돌이킬 수 없듯이 가는 세월 또한 붙잡을 수는 없다. 그렇다고 해서 나이 드는 것을 안타깝게 생각할 필요도 없다. 정작 우리가 안타깝게 생각해야 할 것은 스스로 자신의 가치를 떨어뜨리는 일이다.

부지런하게 살면 늙을 시간이 없다. 나이 든 사람들이 자기 나름의 할 일을 찾아서 부지런하게 활동하는 모습을 본다. 새벽 같이 일어나 이 골목 저 골목 다니면서 재활용품을 주워 모으는 사람, 복잡한 거리에 나와서 아이들의 등하교 길을 돕는 사람, 자신이 가진 재능을 나누어 주는 사람들……. 그들은 무엇인가 의미 있는 일을 하며 살아간다. 나는 그들을 바라보면서 삶과 나이에 대해 다시 한 번 생각하게 된다.

의미 있는 삶을 산다는 것은, 나의 재능으로 누군가를 좋게 만드는 일이다. 나만을 위해 사는 것은 그리 어려운 일이 아니다. 재능이 있는 사람이라면 더욱 그렇다. 내가 누군가에게 무엇이 될 수 있다는 사람살이의 이치를 깨달으면 혼자 있어도 결코 외롭지 않다. 또한 함께 있어도 다투지 않는 삶을 살 수 있다. 나누고 베푸는 사람살이는 아름답다.

살아 있는 성녀라 칭송받던 테레사 수녀. 누군가에게 도움이 되겠다는 생각 하나로 늘 주변을 돌아보며 자신이 할 수 있는 일을 하나씩 실천했었다. 그 같은 도움의 힘으로 조금씩 나아지는 사람들을 보면서 삶을 마지막까지 이어갔고, 이제는 인류의 역사가 기억하는 성인으로 남았다.

나이 들어도 마음먹기에 따라서는 얼마든지 아름다워질 수 있다.

흔히들 아름다움이라고 하면 눈에 보이는 것만을 생각한다. 다시 말하자면 시각이나 감각에만 의존하는 경향이 있다. 하지만 진정한 아름다움이란 겉으로만 아름다워서 되는 것이 아니라 진정성과 참됨과 진실함이 깃들어야 한다. 이를테면 눈에 보이는 것 너머의 어떤 현상, 즉 삶을 본질로 하는 정취 · 추억 · 그리움 · 깨달음 같은 것을 생각해 볼 수 있을 것이다. 그와 함께 사람이 사람과 더불어 살아가는 모습 같은 것도 거기에 포함할 수 있을 것이다. 사람이 꽃보다 아름답다 하지 않았던가.

아름다운 삶, 그리 수월한 일이 아니다. 그럼에도 불구하고 세상에서의 성공이나 실패를 뛰어넘어 아름답게 살아가는 사람들이 있다. 그들은 시련이나 고통마저도 긍정적으로 받아들인다. 그런 사람들 곁에 있으면 절로 나 자신을 돌아보게 된다. 또한 내 삶의 마지막 악장도 노을처럼 아름다웠으면, 하고 분발하게 된다. (2012, 문장)

間

새해 인사

며칠 전, 문단의 한 선배로부터 우편엽서를 받았다. 내가 보낸 새해 인사에 대한 답장이기도 한데, 거기에는 이렇게 적혀 있었다.

> '비록 무늬 없는 일상일지라도, 내일이 있다는 건 고맙고 행복한 일'이라고 쓴 글귀, 참 좋은 말이라고 생각합니다. 표지에 '매일을 마지막 날이라고 생각할 수 있을 때'라고 쓴 어느 작가의 말이 떠오르기도 했습니다. 우리 함께 내일을 생각하는 행복한 삶을 살아갑시다.

그분과는 오랜 인연이 있다. 내가 문단에 갓 나와서 글을 쓴다며 몸살을 앓고 있을 때 많은 조언을 해주셨다. 그러다가 첫 작품집을 묶을 때는 기꺼이 발문을 써 주시기도 했다. 그 뒤로 멀리 이사를 가서 자주 만나지는 못해도 가끔 서신으로 안부를 나누고 있다. 아흔을 바라보는 연세임에도 불구하고 아직 문학에 대한 열정이 식지 않았다.

가까운 사람들과 새해맞이 인사를 나누었다.

허물없이 지내는 사람들에게는 전화나 전자 우편 또는 문자 메시지로 인사를 나누었다. 그러나 손윗분들께는 차마 그렇게 할 수 없어서 편지를 쓰기로 했다. 어떻게 쓸까, 생각하다가 산뜻하고 마음에 와 닿는 문안으로 쓰고 싶었다. 하지만 그게 생각 같지 않아서 쓰고 고치기를 거듭하다가, 이런 문안을 만들었다.

'해가 바뀌어 첫날이 밝았습니다. 새해에는 새로운 꿈을 품으시고, 보람 있는 나날이 되소서. 때로는 이런 아쉬움 저런 어려움도 있겠지만 부디 웃음을 잃지 마소서. 비록 무늬 없는 일상일지라도, 내일이 있다는 건 고맙고 행복한 일입니다. 아무쪼록 건강하고 아름다운 삶 이루소서.'

누구누구에게 보낼까, 생각하다가 이런 분들이 떠올랐다.

한동안 내가 일했던 곳에 투병 생활을 하고 있는 분이 있다.

그분은 일찍이 일본에 가서 공부를 하다가 해방이 되자 돌아왔다. 지역의 교육계에서 열정적으로 일했고, 물러나 지역 사회의 발전을 위해 많은 노력을 했다. 고향에 대한 애정이 남달랐을 뿐 아니라, 나와는 의기투합해서 자주 만나 서로의 생각을 주고받았다. 그곳을 떠나올 때는 정표로 삼으라며 좋은 글귀를 붓으로 써서 주기도 했다. 노년에 뜻하지 않은 질병으로 큰 수술을 한 뒤 오랫동안 투병 생활을 하고 있다. 마땅히 찾아가서 인사를 드려야 하지만, 서신으로 대신하고 말았다.

또 한 분은 내가 오랫동안 모시던 직장의 선배다.

그분은 정부가 선정한 청백리로, 공사 생활에 있어서 내게 많은 가르침을 주었다. 젊은 나이에 지역의 책임자가 되어 선정을 베풀었고, 가는 곳마다 올곧은 처신으로 칭송이 자자했다. 그런가 하면 자녀들의 등록금을 마련하느라 사모님이 돈을 꾸러 다닐 정도로 청빈한 생활을 했다. 그리고 젊은 후배들에게는 허튼 데 한눈을 팔지 말고 부지런히 공부하라고 당부하던 분이기도 하다. 세월이 흘러 어느새 아흔을 바라보는 연세가 되었다.

다른 한 사람은 사업을 하다가 실패해서 곤궁하게 지내는 처지다.

젊은 시절부터 가까이 지내는 사이다. 한때는 사업이 번창하여 눈코 뜰 새 없이 분주하게 일에 몰두했었다. 어쩌다 만나면 서로의 안부와 함께 앞날에 대한 이야기를 많이 나누었다. 그는 변화가 심한 우리네 풍토에서 사업을 하자면, 어느 하루도 마음을 놓을 수 없다면서 나를 부러워했다. 그러다가 생각지도 않았던 IMF라는 돌발 상황에 맞닥뜨려 무너지고 말았다. 그 뒤 재기를 꿈꾸며 몸부림쳐 보았으나 뜻대로 되지 않아서 풀 죽은 모습으로 나날을 살아가고 있다.

너 나 없이 해가 바뀌면 무엇인가 달라지기를 은근히 바란다.

흔히들 새해가 되면 '복 많이 받으라'는 덕담을 주고받는다. 하지만 복이란 게 그리 쉽게 받을 수 있는 것도 아니고 보면, 그저 듣기 좋으라고 하는 말이다. 한세상 살다 보면 길흉화복吉凶禍福이 마치 밤낮이 바뀌듯 들고 난다. 하기야 일생을 순탄하게만, 또는 어렵게만 사는 사람이 전혀 없는 것은 아니다. 그러나 인생유순역人生有順逆이라고, 순경과 역경이 번갈아 들게 마련이다.

살다가 따뜻한 봄날을 맞으면 기쁘다. 많은 사람들이 어려움 속에 있다는 것을 생각하면 고맙고 행복한 일이다. 그럴 때 겸허해야 한다. 그것이 사람으로서의 바른 도리이기 때문이다. 반면에 찬바람 부는 겨울날을 맞으면 슬프다. 그렇다고 나 혼자만 어려움을 겪는 것처럼 절망하는 것은 잘못이다. 또한 다른 사람을 부러워하거나 비방할 것이 아니라, 그럴 때일수록 조용히 자신을 들여다볼 줄 알아야 한다. 희망은 절망 속에서 싹트는 법이다.

하루살이에게는 내일이 없다. 그들은 '내일 만나자'는 약속을 할 수 없고, 꿈이며 희망이란 말도 있을 수 없다. 사람에게도 오늘만 있고 내일이 없다면 얼마나 허망할까. 그렇지만 다행스럽게도 사람에게는 내일이 있다. 그로 해서 꿈이나 희망을 이야기 할 수 있고, 내세를 논하거나 영혼을 노래할 수도 있다. 그러니 짧은 우리네 한살이에 내일이 있다는 것은 고맙고 행복한 일이 아니겠는가.

그동안 많은 연하장을 주고받았다. 누구누구에게 주고받았는지 기억조차 하지 못한다. 그도 그럴 것이 해가 바뀌면 의례적으로 주고받는 짧은 편지쯤으로 여겼으니 말이다. 하지만 이제는 그렇게 허투루 다룰 게 아니라는 생각을 하게 된다. 뒤늦게 철이 드는 것일까, 아니면 살아갈 날이 차츰 줄어들고 있다는 것을 느끼고 있기 때문일까. (2011)

옛 그림을 보다가

국립박물관에 가면 '고사관수도高士觀水圖'라는 그림을 만날 수 있다.

그림의 왼쪽 끝에 '인재仁齋'라는 네모난 도장이 찍혀 있고, 보존상태 또한 매우 좋다.

조선 전기의 문신文臣으로 직제학 벼슬을 지낸 강희안姜希顔, 1418~1465이란 선비가 그린 그림이다. 암벽 아래 있는 바위에 엎드려 턱을 괴고, 한가하게 흘러가는 물을 바라보며 사색에 잠겨 있는 한 사람의 백의거사白衣居士를 그린 것이다. 그래서 '한일관수도閑日觀水圖'라고도 하는데, 인재仁齋 자신의 모습을 그림 속에 들어앉힌 것이라고 보아도 좋을 성싶다.

중국의 남송南宋 원체풍을 느끼게 하는 화풍畵風으로, 이른

바 잔산잉수殘山剩水의 정형을 나타낸 것이다. 수묵水墨으로 된 그림이며, 채색은 먹빛에 변화를 주기 위해 약간 섞어 썼을 뿐이다. 또한 조선시대 초기 사대부의 그림이 지니는 뛰어난 격조를 보여주고 있는데, 당시 상류사회의 취향을 짐작하는 데 부족함이 없다.

그는 진주 사람으로 호를 인재仁齋라 썼고, 시 · 그림 · 글씨에 모두 뛰어났으며, 안견 · 최경과 더불어 삼절三絶이라 불렸다. 특히 어릴 적부터 그림에 뛰어났다고 하는데, 장성한 된 뒤에는 학문과 사색의 여가에 자신의 고졸한 인품이 배어난 문기 높은 그림을 즐겨 그렸다. 하지만 그림 그리는 것을 일종의 천기로 여기던 당시 사회 분위기의 영향으로 많이 그려서 남기기를 삼갔다고 한다. 특히 자신의 그림이 여기저기 퍼져서 알려지는 것을 주저했으므로, 오늘날 남아 있는 작품이 그리 많지 않다.

현재 남아 있는 작품은 '고사관수도高士觀水圖'를 비롯한 편화 몇 장이 있을 뿐이다. 그 가운데서 돋보이는 작품이 앞에서 말한 그림인데, 비록 소품에 해당하지만 그의 화격畵格을 분명하게 전해 주는 가작이라 할 만하다.

그림을 바라보다가 문득 우리네 모습이 떠올랐다.

그림을 보는 데도 수준이 있다. 그저 값만 따져가며 아무

데나 걸어놓는 사람들이 있다. 그들은 재산 가치만을 따질 뿐 정작 그림은 안중에도 없다. 그림을 걸어놓은 게 아니라 돈을 걸어놓은 것처럼 느껴지기 때문이다. 또한 그림이 있으니 그냥 걸어놓은 사람들이 있는가 하면, 겉모양에만 관심을 가진 사람들도 있다. 그림의 크기며 작가의 이름 같은 것만 따질 뿐, 그림에 대한 안목이나 애정이 있을 리 없다. 하지만 진정으로 그림을 아끼는 사람들이 있다. 그림에서 작가의 정신을 읽을 줄 알고, 그림 속으로 들어가 그림과 하나가 된다.

옛 그림을 통해 내 살아가는 모습을 돌아보게 된다.

뚜렷하게 하는 일도 없으면서 늘 바쁘게 살아간다. 이런 일 저런 일에 매달려 지내기 때문에 자연히 마음도 밖으로 나돌고 있다. 마음이 한가해 지려면 물을 가까이 해야 하는데, 그런 여유를 갖지 못하고 있다. 지자요수智者樂水라고, 예부터 슬기로운 사람은 흐르는 물을 가까이 하지 않았던가.

한가로움은 어디에 있는가. 바로 내 마음속에 있다. 밖이 소란해도 내 마음이 한가하면 그 시끄러움이 내 마음을 흔들지 못한다. 군중 속에 섞여 있어도 내 마음이 한가로우면 흔들림이 없다. 흔히들 번잡한 것을 피해 산이나 강가로 가지만, 마음에 한가로움이 없으면 깊은 산이나 들이라도 망상이나 잡념에 시달릴 뿐이다.

사람이 염치 불구하고 살아가기로 마음먹는다면 그리 어려운 것도 아니다. 영악한 사람들은 바람 따라 흔들리기도 잘하지만, 나는 처세에 그렇게 능하지 못하다. 의식주를 비롯해서 생각이며 생활양식 같은 것을 그저 단순하고 간소하게 누리며 살아갈 따름이다. 조금 모자라고 아쉬운 것이 있어야 기대와 소망을 품게 되지 않을까.

이제부터라도 훌훌 벗어던지고 물을 가까이 하고 싶다. 바위에 엎드리거나 나무에 기대어 하염없이 강물을 바라보면서 내 삶을 돌아보고 싶다. 무엇을 얻어도 좋지만, 설령 얻지 못해도 그저 그렇게 흐르는 물과 하나가 될 수 있었으면…….

사람은 홀로 있을 때 보다 순수해진다. 마음을 차분하게 가라앉혀 말을 줄이고, '밖'보다 '안'을 들여다보면서 내면의 소리에 귀 기울이게 된다. 비로소 삶에 고요와 평화가 깃들인다. (2012)

봄날은 간다

노래는 사람들을 기쁨과 행복감에 젖어들게 한다. 사람은 누구나 흥이 나고 즐거우면 절로 콧노래를 흥얼거리게 된다. 또한 사람살이가 고단하거나 힘들 때면 노래를 듣거나 부르며 시름을 달래기도 한다. 더욱이 우리네 대중가요는 굴곡이 많은 근대사 속에 '유행가'라는 이름으로 뿌리를 내린 뒤 지금껏 삶의 애환을 함께 하고 있다.

몇 해 전 100명의 시인들에게 애창곡을 물은 적이 있다. 그 결과 '봄날은 간다'를 가장 많이 꼽았다. '시인세계'가 실시한 '시인들이 가장 좋아하는 노랫말' 조사에서 나타난 결과인데, 대중가요가 시인들의 애송시 대접을 받은 셈이다.

이 노래는 1951년 대구에서 발표되었다. 손로원 작사, 박시

춘 작곡, 백설희가 불렀다.

연분홍 치마가 봄바람에 휘날리더라/ 오늘도 옷고름 씹어가며/ 산제비 넘나드는 성황당 길에/ 꽃이 피면 같이 웃고 꽃이 지면 같이 울던/ 알뜰한 그 맹세에 봄날은 간다//
열아홉 순결은 황혼 속에 슬퍼지더라/ 오늘도 앙가슴 두다리며/ 뜬구름 흘러가는 신작로 길에/ 새가 날면 따라 웃고 새가 울면 따라 울던/ 얄궂인 그 노래에 봄날은 간다//
새파란 풀잎이 물에 떠서 흘러가더라/ 오늘도 꽃 편지 내던지며/ 청노새 짤랑대던 역마차 길에/ 별이 뜨면 서로 웃고 별이 지면 서로 울던/ 실없는 그 기약에 봄날은 간다//

유성기 음반으로 된 원곡을 들으면 절로 수심에 잠기게 된다. 그도 그럴 것이 귀청을 찢는 듯한 대포 소리, 가족을 잃은 사람들의 통곡 소리, 피란민들의 아우성이 한데 엉겨 슬픈 민족사가 떠오르기 때문이다. 처음에는 2절로 된 노래였는데, 언제부터인가 3절로 개작이 되었다. 노래의 맛은 원래의 가사가 훨씬 낫다. 그런가 하면 여러 가수들에 의해 새로운 버전으로 취입되었으니, 그만큼 인기가 높은 애창곡이라고나 할까.

천양희 시인은 "이 노래만 부르면 왜 목이 멜까" 하며 되물었다. '연분홍 치마가 봄바람에' 라는 첫 구절을 부를 땐 아무렇지도 않더니 '꽃이 피면 같이 웃고 꽃이 지면 같이 울던' 대목을 부르고 나면 자신도 모르게 슬픈 무엇이 느껴지고, 눈물이 나려고 한다는 것이다.

'봄날은 간다'라는 제목으로 된 시도 많이 있다. '이렇게 다 주어버려라/ 꽃들 지고 있다/…/ 지상에 더 많은 천벌이 있어야겠다/ 봄날은 간다' 고은 시인은 봄날의 허무 속에서 퇴폐와 탐미를 노래하였다. 또한 안도현 시인은 '꽃잎과 꽃잎 사이 아무도 모르게/ 봄날은 가고 있었다'며 탄식하였다. 그리고 스물아홉 나이에 요절한 기형도 시인은 '봄날이 가면 그뿐 / 숙취는 몇 장 지전 속에서 구겨지는데' 라는 시를 남기고 생의 봄날에 떠났다.

'봄날은 간다'는 고인이 된 가수 백설희의 대표곡이다. 이 노래는 화사한 봄날에 어울리는 밝은 봄노래의 정형을 벗어던졌다. 너무 환해서 더욱 슬픈 봄날의 역설이 전쟁에 시달리던 사람들의 한 맺힌 내면 풍경을 보여주었기에 이내 공감을 샀다. 물론, 백설희가 낭랑하면서도 체념한 목소리로 알뜰한 맹세가 실없는 기약이 되어 슬픔에 젖은 여심을 잘 표현하였지만.

그 뒤 여러 가수들에 의해 다시 불려졌다. 이미자 · 배호 ·

조용필 · 나훈아 · 장사익 · 한영애 등이 개성 있는 음색으로 불러 인기를 누렸다. 그런가 하면 많은 예술가들에게 영감을 주기도 했다. 25현 가야금 연주가 정민아는 이 노래를 주제로 한 연주회를 열었다. 같은 이름의 영화와 연극도 나왔는데, 영화에서는 남자가 변심한 여자에게 "사랑이 어떻게 변하니"라며 울먹였다.

나 또한 이 노래를 즐겨 부른다. 기분이 좋을 때도 부르지만, 심란할 때면 무심결에 흥얼거리게 된다. 그런가 하면 환하게 밝은 봄날, 이 노래를 부르고 있으면 그때 그 시절이 그리워지기도 한다. (2012)

영화관을 기웃거리다가

내 어릴 적 여름철의 해질녘 풍경 한 마당.

그때 그 시절엔 보고 즐길 거리가 별로 없었다. 이따금 서커스나 악극단 공연 같은 게 고작이었다. 그 같은 공연이 있을 때면 출연자들이 큰 깃발을 앞세우고 북을 두드리면서 동네를 돌며 사람들을 불러 모았다. 어린 마음에 신기한 생각이 들어 가보고 싶었으나 어른들이 허락하지 않았다. 그런가 하면 때로는 마을 앞 빈 터에서 영화를 상영하였다. 상록수 같은 계몽영화나 반공사상을 드높이기 위한 홍보영화 같은 게 상영되었다.

앞자리에 흰 천으로 된 커다란 영사막이 설치되고, 중간쯤에 영사기가 놓였다. 울타리나 감독하는 사람이 없었을 뿐더러 입장료도 받지 않았다. 의자 따위는 아예 없었고, 가마때기를 깔아서 사람들을 앉을 수 있도록 하였다. 빛을 막아주는 시설이 따로 없었으므로 주위가 깜깜해지면 영화를 상영하였다. 치르륵치르륵 하고 돌아가는 영사기 소리가 듣기에 좋았다.

필름이 낡아서 화면이나 녹음 상태가 좋지 않았다. 스크린에는 마치 비가 내리듯 줄이 죽죽 그어졌고, 소리 또한 제대로 들리지 않았다. 심지어 중간에 필름이 끊어지거나 바꾸어거느라 영화가 중단되기도 했다. 어두움 속에서 기다리기가 답답해 휘파람을 불어제치며 야유를 보내는 사람도 있었다. 요즈음 같으면 그런 영화를 볼 사람이 있을까만, 그 시절엔 그런 영화를 보면서 극중 인물과 더불어 웃고 울며 가슴을 졸였다. 그러다가 영화가 끝나고 돌아올 때면 밤 하늘의 별들이 참 아름다웠다.

대구에서 가장 오래된 영화관은 만경관이다.

1921년 이재필이 향촌동, 옛 '초원의 집'이 있던 자리에 문을 열었다. 조선 사람이 세운 대구 최초의 극장이기도 한데, 1930년대 초반까지 그 자리에 있다가 지금의 자리인 종로로 옮겼다. 지금은 입구가 국채보상로 쪽으로 나 있지만, 예전에는 동쪽에 있었을 뿐 아니라 조그만 정원도 있었다. 그런가 하면 지역의 영화관으로는 유일하게 연간 200일 이상 한국 영화를 상영함으로써, 1990년대 후반까지 시민들이 무척 좋아하던 영화관이었다. 그동안 경영자가 여러 번 바뀌었고, 1986년 지역 최초로 2개 복합관을 개관했으며, 2002년 국내 최대 규모의 복합 상영관Multi Flex을 개관하였다.

그 다음으로 문을 연 영화관이 대구극장이다.

1922년 한국인들이 공동 투자해 지은 극장이다. 일본 사람과 공동 설립한 조선관朝鮮館을 허물고 그 자리에 지었는데, 영화 상영보다 신파극이나 악극 공연 또는 변사가 해설하는 무성영화無聲映畵 상영이 많았다. 그런가 하면 요즈음처럼 개별 의자가 없었으며, 다다미가 깔린 바닥에 앉아서 공연을 보았다. 그러다가 해방이 되었고, 각종 공연과 대중 집회, 근대 영화 상영 등 지역 문화 예술공간으로 이용되었다. 1958년부터 영화 개봉관으로 자리 잡았고, 1963년 화재로 건물과 영사 시설이 모두 불타 버렸으며, 1965년 건물을 다시 지었다. 한때 관객 동원 1위 자리를 지키며 지역을 대표하던 극장이었으나, 2002년 경영난으로 문을 닫고 말았다.

한일극장은 1938년 키네마구락부로 개관하였다.

당시로서는 동양 최고의 시설을 자랑했다. 일제가 패망하자 재산이 경상북도로 넘어갔고, 상이군경회에서 임대하여 운영하였다. 건물의 내부 공간이 크고 넓어서 각종 연주와 집회 장소로 이용되었다. 1949년 문화극장으로 이름이 바뀌어 영남대학교의 전신인 대구대학으로 관리권이 넘어갔다. 6·25 전쟁으로 서울의 국립극장이 무너지자 국립 중앙극장으로 지정되었고, 정부 예산으로 오케스트라 박스와 회전무대 같은 시설의 개·보수가 있었다. 1957년 개인에게 불하되어 한일극장으로 이름이 바뀌었고, 1966년 본격적인 영화 전문관으로 개관하였다. 주변에 상권이 형성되는 데 영향을 미쳤고, 영화관 자체가 대구의 랜드마크 구실을 할 정도로 명소가 되었다. 그 뒤 1996년 건물을 허물고 복합상업빌딩을 지었으며, 2002년 '씨네시티 한일'로 재개관하였다.

1960년대 초반의 이야기다. 임성길이 이끌던 성인 합창단의 단원으로 활동한 적이 있다. 때마침 한일극장 무대에서 '경북도민의 노래'를 발표하는 자리에 참여했다. 공모를 통해 선정된 노래를 오케스트라 반주로 처음 발표하는 자리였다. 무대에 서서 막이 오르던 그때 그 시절 느꼈던 긴장과 흥분을 지금도 잊을 수 없다. 멋모르고 뛰어다니던 내 젊은 날의 초상이라고나 할까.

그밖에 자유·송죽·제일·아카데미·아세아극장 같은 영

화관이 잇달아 문을 열었다. 그리하여 볼거리 즐길거리가 없던 한 시절을 풍미했다. 그러다가 2000년대에 들어들면서 사회 환경의 변화와 다양한 영상 기기의 보급, 그리고 관객들의 취향이 다양해지면서 크고 작은 영화관들이 하나둘 문을 닫았다. 한때는 마흔 개 가까운 극장이 자리 잡고 있었으나 지금은 일고여덟 개가 고작이다.

1992년 동성로에 '동성아트홀'이라는 소극장이 들어섰다. 1970년대에 그 자리에는 로얄백화점이 있었다. 그 시설을 개·보수하여 200석 규모의 제한 상영관으로 문을 열었으나 빛을 보지 못했다. 한동안 숱한 우여곡절을 겪다가, 예술영화 진흥정책에 힘입어 예술영화 전용극장으로 지정되어 힘겹게 꾸려가고 있다. 하루 평균 관객이 열 명도 들지 않는 소극장이지만, 일반 영화관에서 개봉하지 않는 예술영화를 볼 수 있다. 또한 오붓한 분위기를 즐길 수 있어서 좋다.

오래 전에 보았던 영화를 벗삼아 추억 여행을 떠나본다.

시실리 섬 작은 고향 마을을 떠나, 유명한 영화감독이 된 주인공 살바토레는 어릴 적에 아버지처럼 믿고 따랐던 영사기사 알프레도의 부음 소식을 듣고 돌아온다. 너무 변해버린 마을 풍경을 돌아보면서 살바토레는 더 넓은 세상으로 나가고 싶었던 그 옛날, 그에게 고향을 떠날 수 있도록 용기를 북돋워 준 알프레도의 말을 떠올린다.

"이 작은 섬에서 쳇바퀴 돌 듯 살다 보면, 넌 이곳을 세상의 중심이라고 착각하게 돼. 그러니 떠나, 한 1년 아니면 2년쯤. 네가 돌아왔을 땐 모든 게 변해 있을 거야. 오랫동안, 아니 몇 년이라도 떠났다가 돌아와서 이곳 사람들을 만나고, 네가 태어난 땅을 돌아봐. 떠나지 않고 이곳에 머물면 너는 나보다 더 앞을 못 보게 돼."

신분의 벽에 가로막혀 사랑하는 사람과 헤어져야만 했던, 그 일로 해서 상실의 아픔에서 헤어나지 못하던 청년은 마침내 고향을 떠난다. 그리하여 인생을 관조할 줄 아는 지혜를 터득하게 된다. 영화의 제목은 '시네마 천국Cinema Paradiso'이지만, 원제는 '파라다이스 극장'이다. 가슴을 따뜻하게 해주는 걸작이다.

잘 만들어진 영화 한 편이 사람살이에 훈기를 더해 준다. 웃거나 울기도 하고, 진한 감동으로 한동안 흐뭇한 감정에 젖어 지내기도 한다. 그런가 하면 명장면이나 명대사, 명연기를 잊지 못해 다시 보는 경우도 있다. (2010, 대구문학 여름축제 특집)

사라져 가는 것들의 아름다움

내 어릴 적 이야기.

그 시절 우리 마을의 가옥은 대다수가 초가였다. 우리 집은 지붕을 짚으로 덮었고, 바람벽은 흙으로 발랐으며, 세 칸짜리 조그만 집이었다. 그러나 마을에는 커다란 기와집이 두어 채 있었다. 어쩌다 그 집에 가보면 모든 게 넉넉해 보였다. 높다랗게 솟은 추녀며 넓은 대청마루, 널찍한 마당이며 잘 손질해 놓은 나무들, 기와를 얹은 담장이며 커다란 대문 같은 것들이 보기에 좋았다. 그 집 큰아들이 나와 같은 학교를 다녔는데, 참 부러웠다. 나도 커다란 기와집에서 한번 살아봤으면 좋겠다는 생각을 했었다.

옻골마을 이야기.

옻골마을은 조선조 인조 때 학자인 최동집崔東集, 1586~1661이 1616년부터 정착하여 살기 시작하였고, 그가 봉림대군의 사부師傅가 되면서 사족으로서의 기반을 굳혔다. 그 뒤 경주 최씨 20여 호가 동족마을을 이루며 살아오고 있는 대구지역의 이름난 반촌이다.

백불고택百弗古宅은 옻골마을에 자리 잡고 있는 경주 최씨 종택을 두고 이르는 말이다. 이 집은 대구지역에 남아 있는 조선시대 양반 가옥 가운데 가장 오래된 것으로, 국가지정 중요 민속자료 제261호(2009. 6. 18)로 지정 보존되고 있다.

가옥은 몸채·사랑채·재실·별묘로 구성되어 있다. 몸채는 1694년에 지었고, 사랑채는 1905년, 재실인 보본당은 1742년, 그리고 별묘와 가묘는 1896년에 각각 지었다. 몸채는 가운데 있는 넓은 대청을 중심으로 좌우에 방·부엌·곳간 등이 쪽마루로 연이어져 있는 'ㄷ'자 형태를 이루고 있다. 뒷날 증축한 '一'자 형태의 사랑채와 합해 'ㅁ'자 형태로 배치되어 있다. 이 같은 주거 배치는 종가로서의 공간이 깊어짐에 따라 경건함을 느끼게 한다. 그와 함께 남자들의 공간인 사랑채는 외부로 개방하고, 생활공간인 안채를 'ㅁ'자 형의 폐쇄공간에 배치한 것은 내외법에 따른 배치라 하겠다.

재실인 보본당 뒤로 입향조인 최동집을 모시는 별묘와 최흥원崔興遠, 1705~1786을 모시는 가묘가 있다. 또한 보본당의 서쪽 방은 최흥원이 영조의 명을 받아 유형원柳馨遠, 1622~1673이 쓴 반계수록의 교정을 위한 교정청으로 삼아 작업했던 유서 깊은 곳이기도 하다. 그리고 최흥원은 이름난 효자였을 뿐 아니라, 빈민구제와 동약洞約의 실천을 통한 주민의 교화와 상부상조 정신 고취에 힘쓴 것으로 널리 알려져 있다.

백불고택의 공간 배치에 나타난 특징은 다른 반가보다 유학사상과 음양사상이 잘 표현된 데 있다. 다시 말해서 뒷산 정상에 있는 생구암生龜岩, 일명 거북바위를 중심축으로 삼아 별묘와 보본당으로 이어지는 경敬 공간을 양陽의 상징적 의미를 갖는 동쪽에, 이에 대비되는 생활공간은 음陰의 상징적 의미가 있는 서쪽에 배치한 것이다. 이것은 보본당이라고 하는 유교적 실천 공간에서 비롯된 경외심이 별묘를 매개로 하여 거북바위까지 연결됨으로써, 결과적으로 내세공간[선조]과 현세공간[후손]이 서로 상통하는 상징적 의미를 지니고 있다.

마을 입구에 자리 잡고 있는 해묵은 회화나무와 반듯하게 쌓은 돌담이 세월을 느끼게 해준다. 그런가 하면 나라에서 정문旌門을 세우고, 승지 벼슬을 추증한 것으로 미루어 보아 집주인의 효행 또한 뛰어났음을 짐작할 수 있다. 고즈넉한 마을을 한 바퀴 돌아보면서 조선시대의 전형적인 반촌임을 실감하였다. 오늘날 아름다운 것들이 대책 없이 마구잡이로 무너지고 흩어지는 세태임에도 불구하고, 400여 년의 세월을 고스란히 간직하고 있다는 것은 예삿일이 아니다. 참으로 자랑할 만하다.

사라져 가는 것들에 대한 그리움.

호젓한 골목길을 천천히 걸었다. 긴긴 겨울밤 가족이나 이웃들이 이불 속에 발을 묻고 정과 사랑을 나누던 사람살이의 훈기가 그립다. 어디 그뿐이랴. 한옥의 멋과 정취를 까맣게 잊어버렸고, 유가적인 삶의 풍요함과 너그러운 정신 또한 잃어버렸다. 하지만 어쩌랴, 그저 허허 웃을 수밖에.

한옥에서 살아보면 불편한 점이 없지 않다. 우선 주방이며 화장실이 그렇고, 난방장치며 창호 같은 편의시설 또한 그렇다. 그뿐 아니라 기와며 담장 같은, 손질하고 돌보아야 할 일들이 수월찮다. 그런 저런 이유로 젊은 사람들이 외면하고 있는 가운데, 고택을 지키는 것은 오롯이 나이 든 사람들의 몫이 되고 말았다. "우리 같은 사람들이 가고 나면 빈집이 되고 말겠지요……." 종손의 말이 발걸음을 무겁게 하였다. (2011)

최정산이 보이는 나의 집

내가 살고 있는 집은 최정산이 바라다 보이는 곳에 있다. 최정산은 대구의 남쪽 끝자락에 있는데, 그 너머가 반시盤柹로 유명한 청도이다. 옛 문헌에 따르면, 달구벌의 입지에 있어서 용맥龍脈의 흐름은 팔조령~최정산~비슬산~연귀산~아미산으로 이어진다고 하였다. 그 같은 관점에서 보면 내 집은 참 좋은 곳에 자리 잡은 셈이다.

이곳으로 집을 옮긴 이유는 주변 환경에 있다. 비록 변두리에 있지만 주변 풍광이 아름다운 곳이다. 철 따라 표정이 바뀌는 산이 있고, 마르지 않고 흐르는 냇물이 있다. 거기다 눈앞에 펼쳐지는 드넓은 산천이 내 집 정원이나 다를 바 없다. 봄이면 벚꽃으로, 여름에는 녹음으로, 가을에는 단풍으로, 겨울이면 눈 쌓인 산천으로 해서 계절감을 만끽하고 있다.

우리네 조상들은 집터를 정하는 데 있어서 배산임수라는 조건을 고집하였다. 다시 말해 뒤로는 산을 등지고 앞으로는 냇물이 흐르며, 안산의 기운이 마을 앞 고목 사이로 은은히 미치는 곳에 집을 지었다. 그런 곳이라면 공기가 맑을 뿐 아니라, 철 따라 물소리 · 새소리 · 바람소리 · 나뭇잎 소리가 인간의 정서를 돋우게 마련이다. 그것들은 자연경관을 음미할 수 있는 더없이 좋은 곳이 되기 때문이다.

이전에 살던 집은 빨간 벽돌로 지은 단독주택이었다. 남향에다 남쪽으로 대문을 낸 볕이 잘 드는 집이었다. 그 집에서 살아온 이십여 년 세월은 지금까지의 내 삶 가운데서 가장 밝고 향기로운 날들이었다. 집터를 잡는 일부터 건물을 세우고 마당을 가꾸는 데에 이르기까지 정성을 쏟았다. 마당이 넓어서 많은 꽃과 나무를 심었고, 개를 두 마리나 길렀으며, 집 안에 널찍한 서재를 꾸며서 가까운 사람들과 담소를 즐겼다. 그러다가 아이들이 장성하여 제각기 떠나고 나니 큰 집이 부담스러웠다. 아내가 이사를 하자고 제안하였다.

집을 옮기려고 여기저기 다니며 두루 살펴보았다. 전원주택도, 전통 한옥도, 고층 아파트도, 성채처럼 잘 지은 주택도 보았다. 다들 좋은 집이었으나 내 취향이 아니었다. 한동안

고심하다가 산 좋고 물 좋은 곳에 자리 잡은 지금의 집으로 이사하였다. 변두리에 위치한 서민형 공동주택이지만 주변 환경이 마음에 들었다. 더욱이 아내의 건강이 예전 같지 않아서 참작하였다.

옛말에 성인도 시속을 따른다고, 나 또한 아파트로 옮겼다.

처음에는 여러 가지로 불편하였다. 무엇보다도 마당이 없어서 답답했을 뿐 아니라, 아침에 일어나서 내가 할 일이 별로 없었다. 이전처럼 정원을 가꾸거나 개를 데리고 운동을 다닐 수가 없고, 조간 신문을 들고 골목에서 이웃 사람들과 이야기를 나눌 수 없어서 허전했다. 거실에서 가벼운 체조로 잠을 깨우는 정도가 고작이었다. 그러다가 차츰 바뀐 환경에 익숙해졌다.

이따금 마당이 딸린 조그만 주택이 그리울 때가 있다.

나 이전에 벌써 그런 즐거움을 누리던 사람들이 있었다.

그들은 벼슬자리를 헌신짝 버리듯 내던지고 전원에 초옥을 마련하였다. 홀로 있을 때는 서책을 뒤적이고, 손님이 오면 술상을 차리게 하여 시를 읊었으며, 흥이 도도해지면 거문고를 어루만지기도 했다. 그 가운데 높은 기개로 한 시대를 살았던 송순宋純이라 선비는 이렇게 노래하였다.

십 년을 경영하여 초가삼간 지어 내니
나 한 칸 달 한 칸에 청풍 한 칸 맡겨 두고
강산은 들일 데 없으니 둘러 두고 보리라.

초가삼간이란 작고 초라한, 그리고 볼품없는 집이란 뜻이다. 하지만 그것에 만족하고 즐거움을 찾는 안빈낙도의 공간이라는 의미가 배여 있다. 또한 거기에는 집 주인의 청렴한 마음과 생활이 반영되어 있기 마련이다. 옛 선비들이 갖추어야 할 조건이 청빈 · 절약 · 검소, 그리고 스스로 만족할 줄 아는 정신이었다. 특히 청빈은 정신적인 가치관 이상으로 소중하게 여겼다.

나에겐 시들지 않는 소박한 바람이 하나 있다.

시골 마을에 한옥을 하나 지어서 살고 싶다. 거기서는 저녁을 먹은 식구들이 큰 방에 모일 것이다. 아궁이에 불을 지펴 방바닥을 따스하게 할 것이다. 긴긴 겨울밤을 가족끼리 또는 이웃끼리 이불 속에 발을 묻고 이야기를 나누다 보면, 서로의 정과 사랑을 온몸으로 느낄 수 있을 것이다. 같이 먹고 잔다는 것은 가족과 이웃의 동질성을 확인할 수 있는 좋은 기회가 될 것이다. 그렇게 가까워진 사람들은 '이웃사촌'이 되어 피를 나눈 가족과 별반 다를 게 없을 것이다. 또한 그곳에는 치열한 삶의 경쟁을 비켜난 한적함이 묻어나고, 세상을 관조하며 아름다운 모습으로 나이를 먹게 될 것이다.

오늘 나는 최정산이 보이는 조그만 집에 살고 있다.

내 집은 어디에서나 볼 수 있는 평범한 아파트이다. 집안에 호화스러운 가구가 없고, 고급 영상기기 따위가 없으며, 풍류를 즐기기 위한 거문고도 없다. 그러나 창문을 활짝 열어젖히면 산천이 모두 내 이웃이 된다. 최정산 자락에서 불어오는 맑은 바람소리며 산새 소리가 들린다. 밤이 이슥하면 달도 보이고 별도 잘 보인다. 창가에 앉아 자연의 이치를 생각하고, 또 마음으로 느끼면서 살아간다. 사는 것이 즐겁다. (2012)

차를 마시는 즐거움

차를 마신다. 음식을 먹고 나면 숭늉처럼 마신다.

젊은 사람들은 찻집에서 시간을 마신다. 차는 만남의 기쁨과 나눔의 즐거움을 누릴 수 있도록 해준다. 사색을 풍요롭게 해주거나 여유를 즐기고 싶을 때 마음의 쉼터를 제공해 주기도 한다. 현대인들은 자유롭고 개성적인 사고를 지니고 있다. 바쁜 생활 속에서 간편한 것을 추구하는 경향이 있는가 하면, 더러는 복잡한 환경 속에 자신을 내맡기며 휴식을 취하고 싶어 한다. 차가 이 같은 현대인들의 욕구를 채워주는 기호품으로 자리 잡았다.

커피로 하루를 시작하는 사람들이 있다.

딸아이는 아침에 일어나면 곧바로 커피메이커 앞으로 다

가간다. 커피콩을 갈아서 넣고 물을 부은 뒤 전원 스위치를 눌러 놓고 샤워장으로 간다. 끝나면 머리를 손질하면서 커피를 마시고, 곧장 옷을 챙겨 입고 집을 나선다. 아침밥은 먹을 생각조차 하지 않는다.

커피에 대한 취향이 참 다양하다. 평범한 인스턴트커피를 좋아하는 사람들이 있는가 하면, 묽은 맛의 아메리카노를 좋아하는 이들이 있다. 또한 카페라테 · 카푸치노 · 마키아토 · 에스프레소 같은 맛과 향이 좋은 커피를 선호하는 사람들도 있다. 하지만 그 같은 낯선 이름으로 해서 찻집에 들어갔다가 당혹스러워하는 사람들도 없지 않다.

나 또한 한동안 커피를 즐겨 마셨다. 아침에 한 잔, 낮에 두어 잔, 그리고 저녁에 한 잔씩 마셨다. 손님이 오거나 밖에 나가게 되면 한두 잔 더 마시기도 했다. 아침이나 저녁에는 큼직한 컵에다 커피와 우유를 반반씩 섞은 부드러운 것을 마셨다. 식사 대용으로 빵을 곁들일 때도 있지만, 커피만 마셔도 든든했다. 낮에는 볕 좋은 창가에서 혼자 마셨다. 커피 원두를 갈고 걸러서 커피를 뽑으면 구수한 향기가 방 안에 퍼지고, 그것을 천천히 마시고 있노라면 잠시나마 행복감에 빠져들 때도 있었다. 이따금 머그잔에 그득하게 부어 글쓰기를 위한 전의를 가다듬기도 했었다.

한동안 커피와의 인연을 끊고 지냈다. 과다한 카페인 섭취가 건강에 좋지 않다고 했다. 신경계에 자극을 주고, 위장 장애를 일으킨다는 이야기도 들었다. 또한 나이 들수록 진하고 자극적인 맛에서 벗어나는 게 좋다는 충고를 들었다. 듣고 보니 그럴 성싶었다.

전통차를 마시기 시작했다. 산수유·구기자·오미자 같은 한방차를 달여서 마셨다. 그러다가 다시 녹차로 바꾸어 마시면서 차와의 오랜 인연을 이어오고 있다. 그와 함께 예부터 전해 오는 차에 얽힌 이야기를 찾아 읽으면서 여운을 즐기고 있다.

추사 김정희가 동갑내기 초의 선사에게 편지를 썼다.

'나는 스님을 보고 싶지도 않고, 스님 편지 또한 보고 싶지 않소. 다만 차에 얽힌 인연은 끊을 수 없고 부숴 버릴 수도 없구려. 차를 재촉하오.' 거기다 선사가 '차를 보내지 않으면 몽둥이찜질'을 당할지도 모른다며 으름장까지 놓았다.

초의가 부쳐온 차와 답장을 받고서 추사는 능청을 떨었다.

'차 향기 덕분에 문득 눈이 열리는 것 같네. 편지가 있는지 없는지는 살펴보지도 않았소.'

초의 선사는 강진에 유배 살던 다산 정약용으로부터 유교 경전과 시를 배웠다. 또한 추사와도 깊이 사귀면서 그 시절 조선의 문화와 예술에 깊숙이 발을 들여놓았다. 그리고 우리 차를 집대성한 '동다송東茶頌'과 '다신전茶神傳'을 쓴 차의 명인이기도 하다.

차를 마시는 것은 마음에 평안을 얻기 위해서다.

차는 첫 번째로 향긋함, 두 번째로 달콤함, 세 번째 씁쓸함, 네 번째 담백함, 마지막으로 여운을 즐긴다. 마시는 사람도 허식과 욕심을 벗어야 차 맛을 제대로 즐길 수 있다. 소동파蘇東坡는 "차는 번민과 때를 없애 준다"고 하였고, 임어당林語堂은 "차를 마시는 것은 세속의 시끄러움을 잊기 위해서"라고 하였다.

몸 안에서 기운이 한 바퀴 순환하는 데 걸리는 시간이 평균 50분 정도라고 한다. 그러니 차를 제대로 즐기자면 최소한 50분 정도는 여유를 가져야 하고, 그처럼 느긋하게 차를 마시고 나면 들뜬 기운이 가라앉는다는 것이다. 그런가 하면 좋은 차는 공복에 마셔도 속이 쓰리지 않고, 잠을 잘 잘 수 있어야 한다. 또한 손발이 따뜻하고 몸이 데워져야 한다. 그리고 마음속의 근심 걱정을 없애 줄 수 있어야 한다. 이른바 명차名茶에 관한 이야기다.

가까이 지내는 글벗으로부터 보이차普洱茶를 선물로 받았다.

어떻게 알았던지, 사소한 내 신변사에 의미를 부여하면서 준 선물이다. 그것도 중국으로 출장 가는 아들에게 시켜서 현지에서 사온 것이라고 했다. 그의 세심한 배려와 따뜻한 정으로 해서 사람살이의 훈기를 느꼈다. 보이차는 널리 알려진 중국의 명차이다. 카페인 성분이 없을 뿐더러 혈압을 조절하고, 콜레스테롤을 낮춰주며, 신진대사를 돕는 효능이 있다고 알려져 있다. 한 며칠 마셔보니 듣던 대로 차 맛이 좋다. 그런가 하면 찻잔 너머로 남평南坪의 모습이 어른거리기도 한다. 차만 마시는 게 아니라 정도 함께 마시는 셈이다. 아, 고마운 사람.

오늘 우리네 살아가는 모습을 보면 가히 '차의 시대'라 할 만하다. 어떤 사람은 차車를 가지고 사치를 하지만, 나는 차茶를 가지고 호사를 누린다. 더욱이 이 가을엔 보이차로 해서 일상이 즐겁고 사람살이의 훈기를 느낀다. (2011)

잘 마시면 약, 잘못 마시면 독이라

예부터 우리 민족은 술 마시고 노래하며 춤추기를 좋아하였다. 그리고 술을 두고 백락지장百樂之長; 백 가지 즐거움 가운데 으뜸 또는 백약지장百藥之長; 백 가지 약 가운데 으뜸이라 하였다. 그래서인지 술을 마시고 저지르는 실수에 대해서 비교적 너그러운 관습이 있다.

술을 마시는 게 좋은 면도 있으나, 이를 가리고 있는 나쁜 면 또한 없지 않다. 그 같은 나쁜 면을 밀쳐내기 위한 주도酒道의 역사는 유구하다. 옛글에 보면 마시더라도 난잡해지지 말아야 한다고 했다. 또한 꽃은 반만 피는 게 좋고, 술도 반만 취하는 것이 좋다고 하였다.

전해져 내려오는 주도에 따르면, 술에 취하는 과정을 이렇게 설명하고 있다. 긴장된 입이 풀리는 해구解口, 미운 것도 예뻐 보이는 해색解色, 억눌려 있던 분통이나 원한이 풀리는 해원解怨, 그리고 인사불성이 되는 해망解妄 네 단계로 보았다. 그 가운데 해구나 해색 정도를 넘어서지 않는 것이 올바른 주법이라 하였다.

전통 주법 가운데 세 가지 계명이 있다. 그 하나는 서양 사람들처럼 시도 때도 없이 마시지 말고 저녁에만 마시라는 유시계酉時誡다. 유시는 오후 6시에서 8시 사이이다. 그 두 번째는 술을 마시고 나서 입 안과 식도를 씻어 내리라는 현주계玄酒誡다. 세 번째는 석 잔 이상 마시지 말라는 삼배계三杯誡로, 조선조 세종이 내린 계주교서誡酒敎書에 있는 말이다.

이는 태조가 건국 후 풍속으로 정착시키라고 태종에게 명한 주도라 하였다. 그래서 술을 좋아하는 윤회 같은 학사들에게 석 잔 이상 마시지 못하게 엄명을 내렸다. 그러나 어명은 지켰으되, 그 잔이 양푼보다 더 커지는 바람에 '삼배계를 내리지 않은 것만 못하다'고 하였다는 기록이 있다.

조선시대 주당으로 성종 때의 손순효, 선조 때의 정철, 숙종 때의 오도일을 꼽았다.

성종은 손순효에게 "하루에 석 잔 이상 마시지 말라"고 명했다. 그럼에도 불구하고 만취해 있자 화를 냈는데, 그의 말인즉 "놋쇠 주발로 석 잔 마셨다"고 하였다. 그런 그에게 즉석에서 글을 짓도록 명하자, 완벽한 표문表文을 지어 올리는 것을 보고 감탄한 성종이 다시 술을 내렸다고 한다. 또한 선조가 정철에게 "석 잔 이상 마시지 말라"고 명하자, 잔을 두드려 크게 만들었다는 일화도 있다. 그리고 기우제 때 작주관酌酒官; 술을 따르는 벼슬이었던 오도일은 술에 취해 숙종의 앞자리를 밟고 비틀거렸다. 술에는 관대한 숙종이었으나, 그를 처벌하지 않으면 비가 오지 않으리라는 장악원정掌樂院正 유신일의 상소에, "금주령 때 며칠 술 끊는 것이 무슨 어려운 일이냐"며 의금부에 가두었다.

근자에 이르러 술로 해서 빚어지는 사회문제가 심각한 지경에 이르렀다. 우리나라 사람들은 하루가 멀다고 술에 취한다. 하루에 술 마시는 성인이 598만여 명, 하루의 술 소비량은 맥주 952만 병과 소주 896만 병에 이른다. 이는 어른들 일고여덟 가운데 하나는 매일 취할 정도로 술을 마신다는 이야기다. 그리고 술을 먹고 행패 부리는 주폭자酒暴者에 대한 신고 건수가 한 해에 36만여 건이라고 한다. 지나치다 하지 않을 수 없다.

술은 술로 끝나지 않는 법이다. 회사마다 술 냄새를 풍기며 출근하는 직원이 수두룩하다. 길거리나 공공장소에서 구타와 난동이 끊이지 않고 일어난다. 심지어 파출소의 기물을 파손

하거나 경찰관을 폭행하고도 억지를 부린다. 그런가 하면 신입생 환영회에서 억지로 술을 마시게 해 죽음에 이르도록 하고, 옆자리에 앉은 사람과 시비 끝에 살인을 저지르기까지 한다. 어디 그뿐이랴. 해외여행을 나가서도 몰래 가져간 술로 판을 벌이다가 제재를 받는 사람들이 숱하다. 안에서 새는 바가지 밖에서도 샌다고 하였던가.

어떤 전문가는 이런 지적을 한다. '술에 취해 길거리를 다니는 것 자체가 범죄로 취급받는 외국과 비교해 보면 우리네 인식과 제도는 너무 안이하다'고. 또한 '외국의 경우, 길거리에서 난동을 부리는 취객은 볼 수 없다. 공공장소에서의 음주를 엄격하게 규제하기 때문'이라고 하였다. 그리고 외국에서는 술 판매 기준도 까다롭다. 한국은 가게나 식당 같은 데서 술을 팔지만, 미국은 주류 판매 면허가 있는 곳에서만 술을 팔 수 있다.

'술은 잘 마시면 약이지만, 잘못 마시면 독'이라 하였다. 또한 '훌륭한 사람은 술에 취하면 착한 마음을 드러내지만, 조급한 사람이 술에 취하면 사나운 기운을 드러낸다'고 하였다. 오늘 우리네 술 마시는 풍속은 금도를 벗어났다. 과도한 술 마시기, 그건 낭만이 아니다. 더 이상 너그럽게 웃어넘길 일도 아니다. (2012)

나 홀로 즐기는 삶

사람은 저마다 즐거워하는 바가 있게 마련이다. 이름 알리기를 즐기는 사람이 있고, 재물 모으는 것을 즐기는 사람이 있으며, 술과 여색을 즐기는 사람도 있다. 그런가 하면 음악이나 글쓰기를 즐기는 사람도 있다. 내가 즐기는 것도 이 같은 범주를 벗어나지 않는다.

나는 음악, 그 가운데서도 서양 고전음악을 좋아한다.

짬이 나면 들앉아서 듣고, 이따금 연주회에도 간다. 몸과 마음의 휴식에 고전음악보다 좋은 게 없다. 언제 어디에서 듣더라도 편안함을 느낄 수 있고 위안 받을 수 있다. 또한 어떤 목표를 향해 나아가는 사람의 자세를 깊이 생각해 보는 기회를 준다. 그리고 시대와 공간을 관통하는 어떤 힘이 있다는 믿음을 갖게 한다. 그와 함께 삶과 세상에 대한 진지하면서도 가치 있는 생각을 가다듬을 수 있도록 해준다.

음악을 둘러싼 사람들의 다양한 삶을 통해 많은 것을 얻는다. 앞만 보고 질주하는 법과 주위를 살피며 느긋하게 걷는 법을 배운다. 가벼움 속에 시대를 관통하는 진지함을, 무거움 속에 유머가 깃들어 있음을 깨닫는다. 그리고 사랑의 기쁨과 사랑의 슬픔을 생각해 보기도 한다. 그래서 바흐·모차르트·베토벤·슈베르트·멘델스존·쇼팽·브람스·차이콥스키를 즐겨 듣는다.

어떤 음악이 내 마음의 음악으로 자리 잡는 데는 여러 가지 요소들이 작용한다. 물론 음악 그 자체의 아름다움도 있지만, 들을 때의 느낌이나 처지가 상당한 영향을 미친다. 예컨대 노을이 무척 아름다운 해질녘, 그 분위기에 어울리는 어떤 음악을 처음 들었다면 오래도록 기억에 남을 것이다. 잔잔한 감동이 묻어나는 음악, 내 삶의 행복감을 더해 주는 음악으로 자리 잡게 될 것이다. 내 경우 백건우의 연주를 듣고 나면, 어디 먼 곳을 다녀온 것 같은 아득함을 느끼게 된다.

글쓰기 또한 나 홀로 즐기는 삶의 한 방편이다.

나는 꽤 오랫동안 글을 써 왔다. 그것들을 책으로 묶어 세상에 내놓기도 했다. 그러나 나에게도 힘겨운 습작기가 있었다. 처음에는 멋모르고 원고지에다 내 생각을 긁적거리기 시작했다. 그것이 글로서의 요건을 갖추었는지, 내용이 하나의 질서를 이루었는지, 서두와 결미가 제대로 호응하는지 알지 못했다. 그러니 문학으로서의 글쓰기란 감히 엄두조차 낼 수 없었다.

아이는 엎어지고 자빠지면서 성장한다는 말이 있다. 내 글쓰기도 숱한 실패와 좌절, 그리고 도전을 반복하였다. 책상머리에 수북하게 쌓이는 파지를 보며 공연히 사서 고생을 한다는 생각도 했었다. 어쩌다 마음에 드는 글을 한 편 얻으면 선배들을 찾아가서 한번 봐 달라고 내밀었다. 그 같은 습작기를 거치면서 더디지만 조금씩 성장하고 발전하였다.

글쓰기는 기본에 충실해야 한다는 것이 내 생각이다.

글을 잘 쓰는 것도 좋지만, 기본에서 벗어나면 좋은 글을 얻을 수 없다. 이를테면 맞춤법에 어긋나는 문장, 형식과 표현이 거친 글, 내용보다 겉치레에 치중한 글들이 그렇다. 그 반대로 문장이 간결하고, 짜임새가 촘촘하며, 흐름이 자연스러운 글을 얻으면 기쁘다. 또한 대상을 해석하고 의미를 부여하는 작가적 안목과 철학이 깃든 글을 얻으면 무슨 큰일이라도 한 것처럼 뿌듯하다. 그런가 하면 수필은 자기 고백의 문학이다. 거짓이 있으면 글도 망하고 사람도 망한다.

내가 공들여 글을 쓰는 것은 무엇을 얻기 위해서가 아니다. 애초부터 얻음이나 잃음에 관해서는 무심하였다. 또한 누구에게 읽히기 위한 것도, 들려주기 위한 것도 아니다. 다만 시시각각 무너져 내리고, 소멸해 가는 자기 존재의 확인을 위한 방편일 뿐이다. 작가는 고독한 존재이다. 혼자 있어도 외롭지만, 무리 속에서도 외로운 존재이다. 그래서 고독할 때나 진실이 그리울 때면 원고지와 끝없는 씨름을 한다.

글을 쓰는 것은 즐거움이지만, 글을 읽는 것 또한 그에 못지않은 즐거움이다. 동서양을 가리지 않고 고전을 즐겨 읽는다. 고전이란 인간의 가장 소박하고 위대한 사색의 기록이라고 생각한다. 또한 고전의 위대함은 오랜 세월을 살아 왔다는데 있다. 그래서 내공을 쌓는 데는 그 무엇보다 유익하다. 바닥이 얕은 우물은 마음껏 길어 올릴 수도 없거니와 질 좋은 물을 기대할 수도 없다는 생각 때문이기도 하다.

글쓰는 사람이라면 모름지기 고전을 많이 읽어야 한다. 옛사람들의 글은 몇 번이고 사색하고 사색해서 표현해 낸 것들이다. 임어당이 그랬던 것처럼, 나 또한 옛 사람들의 어떤 글을 접했을 때 내 눈과 마음이 절로 이끌려서 읽고 또 읽게 된다. 고전 속에 남겨 놓은 글을 통해 그들의 삶과 생활을 들여다보고, 마음의 벗으로 삼아 본받으려고 애쓴다. 어떤 글은 간추려서 적어 놓기도 하는데, 그 같은 과정을 거쳐 사람살이의 지혜를 조금씩 터득한다.

내가 좋아하는 것을 즐기며 내 뜻대로 살다 가리라.

다행스럽게도 조그만 작업실을 가지고 있다. 무슨 큰일이라도 벌이려고 마련한 것이 아니라, 옛 사람들이 쓰던 사랑이 떠올라 마련하였다. 그래서 이름도 '문화사랑방'이라 하였는데, 음악을 듣거나 글을 쓰면서 유유자적하기에 부족함이 없다. 이따금 찾아오는 글벗들이나 문화 예술인들과 한담을 나누는 데도 안성맞춤이다.

흰 머리가 늘어나면서 순리와 조화의 이치를 자주 떠올리게 된다.

내 앞에 다가온 삶을 자연스럽게 받아들이는 게 순리이다. 또한 나의 나답게 욕심 내지 않고 즐기며 사는 것을 조화라 할 수 있을 것이다. 사람살이의 근본이기도 하지만, 스스로 족함을 아는 사람은 부자라 하였다. 그리고 추위와 더위, 굶주림과 배부름, 삶과 죽음은 하늘의 뜻을 따르면 그만이다. 세상 사람들이 내 마음을 어찌 알랴만, 나 홀로 즐기며 살 따름이다. (2012)

사랑합니다

아내는 가끔 느닷없는 질문으로 난감하게 만든다.

"당신, 정말 나를 사랑해요?"

"……"

"왜, 대답을 못 해요?"

"……"

"지금껏 한 번이라도 사랑한다고 말한 적이 있어요?"

"……"

글쎄다. 아내는 나와 혼인을 해서 가정을 이룬 평생의 반려자이다. 그동안 사랑의 질서 속에 자식들을 낳았으며, 집안 살림을 도맡아서 꾸려왔다. 더욱이 큰집의 맏며느리로서 책임을 다하느라 몸을 사리지 않고 일했다. 늘 안쓰럽고 미안하게 생각하면서도 그저 지켜보기만 했다. 우리네 정서로 집안의 손위가 되면 처신이 조심스럽다.

우리 집은 대가족이 함께 살았다. 어른들을 모셔야 했고, 손아래 아우들도 거두어야 했으며, 크고 작은 일들을 두루 챙겨야 했다. 그런 환경에서 사느라 남편이 출근한다고 해서 아내가 따라 나와 인사를 할 수도 없었다. 그러니 드러나게 애정을 표현한다는 것은 엄두도 내지 못할 일이었다.

그리고 경상도 사람들의 보수적인 성정도 한몫을 차지했다.

이곳 사람들은 대체로 성정이 투박스럽다. 처음 만나면 말붙이기가 어려울 정도로 무뚝뚝하고, 말씨 또한 투박해서 마치 싸움이라도 하려 드는 것 같다. 그래서 대화법도 직설적이다. "됐나, 됐다. 좋나, 그래 좋다." 하는 식이다. 그러니 은근하게 애정을 표현하는 데 서툴 수밖에 없지 않은가.

부부 사이의 대화를 경상도식 화법으로 정리해 본다.

"당신, 정말 나를 사랑해요?"라고 묻는다면,

"이제 와서 새삼스럽게 묻기는 왜 묻노." 또는

"그걸 꼭 말로 해야 하나."며 한 마디로 끝내버릴 것이다.

그러나 아내들은 남편으로부터 그 말을 무척 듣고 싶어한다.

한때 이런 이야기가 널리 사람들의 입에 오르내린 적이 있다.

"아이들 다 들어왔나. 불 꺼라. 자자."

어느 부부가 자리에 들기 전에 주고받은 대화이다.

부부 사이라 해도 사랑에는 분위기가 중요하다. 또한 사랑은 표현할 때 더 아름답게 느껴지는 법인데, 경상도 사람들은 그 같은 분위기나 감정 표현에 익숙하지 못하다. 예컨대 사랑한다는 말조차 머뭇거리거나 얼굴이 붉어지는 사람들이다. 그뿐이랴. 진정 아름다운 사랑은 '사랑한다'는 말조차 함부로 하는 것이 아니라는 생각이다. 그러니 경상도 사람들의 사랑은 지금 이 시대의 사랑이 아닌지도 모르겠다.

일상 속의 나는 어떤 모습인가, 곰곰이 생각해 본다.

어린 시절 나는 도무지 숫기라고는 없었다. 무엇이든지 무서워했다. 뱀도, 강물도, 어둠도, 사람들까지도. 학교 수업이 끝나면 누군가가 말을 걸까 두려워 곧장 집으로 돌아왔다. 책이 유일한 벗이었다. 또한 나 자신을 남들에게 드러내는 데 익숙하지 못했다. 수업 시간에도 나서서 토론하기보다는 듣고 있는 게 더 좋았다. 성장하면서 많이 달라졌지만, 지금도 시끌벅적한 모임 같은 데 나가는 것을 달가워하지 않는다. 한마디로 행동보다 생각에 치중하는 성향이라고나 할까.

요즈음은 자신을 드러내 보이려고 애쓰는 시대이다. 어디를 가나 대담한 성격, 털털한 사람들이 인기다. 성공하려면 시원시원해야 하고, 행복해지려면 사교적이어야 한다. 깊이 생각하기보다는 과감한 행동을, 의심보다는 확신을 좋아하고, 조심하기보다는 위험을 무릅쓰고 일을 벌인다. 사랑을 하는 데 있어서도 그 같은 경향이 없지 않다. 더 대담하고, 더 수다스럽고, 더 잘난 체하는 사람이 이상적인 상대로 평가된다. 그러나 사랑의 본질은 그렇지가 않다.

사랑은 온유하고 겸손하며 무례하게 드러내지 않는 법이다.

더욱이 부부의 사랑은 서로 이해하고 존중하는 데 의미가 있다. 모든 것을 믿고, 모든 것을 참으며, 오래 기다리는 것을 미덕으로 여긴다. 그리고 단숨에 확 달아오르기보다는 뭉근한 불처럼 은근하게 타오를 때 더 아름답다. 그로 해서 한결 즐겁고 행복해질 수 있다. 그러나 오늘 우리가 살아가는 세상은 사랑마저 오염되었다. 만남과 헤어짐이 너무 가볍고, 혼인이 거래로 변질되었으며, 심지어 짝짓기에 불과하다는 생각까지 하게 된다.

아내와 나는 지금껏 사랑하며 살아왔다. 그러나 '사랑한다'는 말은 서로의 가슴속에 묻어 둔 채 덤덤하게 살아왔다. 어쩌면 그것은 사랑은 거짓이 없어도 사랑한다는 말에는 거짓이 있을 수 있다는 생각 때문이었는지도 모른다. 하기야 "사랑합니다"라는 그 한 마디, 얼마나 정겨운가. 하지만 또 얼마나 하기 어려운 말인가.

오늘은 아내에게 '사랑한다'고 말해야겠다. 또한 나의 엄마, 나의 형제들, 나의 자식들에게도 그렇게 하고 싶다. 그리고 몇 안 되는 벗들, 내 글을 읽을 미지의 독자들에게도 그렇게 말하고 싶다. "진심으로 사랑합니다." (2012)

萬

화교 이야기

세계 도처에 화교華僑들이 살지 않는 곳이 없다. 그래서 '바닷물이 닿는 곳이면 화교들이 있다'는 말도 있다. 타이완에서 발표된 자료에 따르면, 세계의 화교는 3,600만 명이 넘는다.

화교들이 아시아 각지로 이주해 간 것은 대체로 남송南宋 시대인 12세기로 잡는다. 장사를 하기 위해 해외로 나간 경우도 있고, 흉년이 들어 먹고살기가 어려워지자 생존을 위해 나간 경우도 있다. 화교의 해외 진출에 큰 전환점을 이룬 계기 가운데 하나는 명나라 초기에 시행된 해금海禁 정책이라 할 수 있다. 그것은 허락 없이 바다로 나간 사람들을 사형에 처할 정도로 민간인의 해외 진출을 억제한 조처였다.

그럼에도 불구하고 몰래 빠져나갔고, 낯선 땅에서 거류지를 형성하였다. 하지만 모국과의 관계가 끊어지자 불안하고 위험한 상태에 놓이게 되었다. 실제로 마닐라에서는 집단 학살을 당한 경우도 있었다. 그 같은 상황에서 스스로를 보호하기 위해 친족들끼리 협력 관계를 만들어 사업을 확장해 나가기도 하였다.

화교들이 대구에 자리 잡기 시작한 것은 구한말부터이다. 1901년 5월에 건축업자 19명이 처음으로 대구에 도착했다. 그들은 계산성당 건축공사가 끝나자 이듬해 돌아갔다. 그 뒤 1905년부터 대구에 거주하기 시작하였고, 강의관·모문금 같은 건축 기술자들이 1913년 가톨릭 대구대교구 초대 주교인 드망즈의 초청으로 들어왔다.

그들은 기술과 성실함을 인정받아 교구청 주교관·성바오로수녀원·성모당 같은 종교 건축물을 잇달아 지었다. 남산초등학교 부근에 벽돌공장을 두고 벽돌을 직접 만들어 사용하였고, 1920년대에 들어 두 사람이 쌍흥호雙興號라는 건축회사를 만들어 조선의 2대 건축회사로 자리 매김하였다.

1920년대에 강의관姜義寬이 지역 최초의 청요릿집 군방각群芳閣을 열었다. 그 뒤 모문금慕文錦이 운영권을 넘겨받아 붉은 벽돌로 3층 건물을 다시 지었다. 당시 종로 일대에는 크고 작은 음식점 10여 곳이 있었으나, 그 가운데서 군방각의 규모가 가장 컸었다. 또한 시설을 제대로 갖추었을 뿐 아니라, 요리사들도 중국에서 이름난 사람들을 데려와 음식 맛이 좋았다. 그래서 1960년대 후반까지 식사는 물론 결혼식 · 회갑연 같은 모임 장소로 인기가 높았다.

1930년 대구 · 경북의 화교 인구는 1,384명이었다. 국내의 화교 인구가 19,960여 명이었다는 사실에 비추어 보면 적잖은 숫자라 하겠다. 해방이 되자 그들의 경제활동이 크게 번창하였다. 미 군정의 후원에 힘입어 경제력을 키운 데다 6 · 25 전쟁 때 서울과 인천의 화교들이 대구로 많이 내려온 데 따른 결과였다.

자연스레 종로 일대가 화교들의 본거지가 되었다. 화교협회 · 화교 소학교와 중학교 · 화교성당 · 화교교회 같은 기관들이 들어섰다. 화교 소학교는 1950년대 이후 서울 · 인천 · 부산 화교 소학교와 더불어 전국 4대 소학교 가운데 하나로 발전하였다. 대구지역의 지도자였던 모문금 · 연보주 같은 이들의 역할이 컸었다. 1960년대까지 안정기를 누렸으며, 인구 또한 3,100여 명으로 크게 증가하였다. 그러다가 1970년대 이후 급격하게 쇠퇴하였다. 그 까닭은 화교 자본에 대한 규제가 심해지자 대만 · 미국 · 호주 등지로 이주하였기 때문이다. 그에 따라 화교들이 운영하던 양조장 · 주물공장들이 자취를 감추었고, 음식점도 거의 사라져 불과 몇 집만이 영업을 하고 있다.

대구에는 차이나타운이 없다. 그러나 여기에 정착한 지 100년의 세월이 흐른 오늘날, 그들 특유의 생활력과 연대감을 바탕으로 음식점과 식료품 가게를 비롯한 관련 사업을 경영하면서 생활 터전을 굳건하게 다져 나가고 있다. 그와 함께 중국인으로서의 혈연적·문화적 정체성을 유지하면서 지역사회 발전에도 적극적으로 동참하고 있다.

화교들은 세계 도처에 차이나타운을 형성하고 있다. 그들이 정착한 사회에서 비록 소수 인종이라 하더라도 막강한 경제력을 행사하고 있다. 예컨대 인도네시아에서는 화교가 인구의 4퍼센트에 불과하지만, 전체 경제의 80퍼센트를 장악하고 있다. 이 같은 혈연적·문화적 정체성으로 해서 그들의 조직력은 세계화 시대에 가장 유리한 위치를 차지하고 있는 셈이다. 더욱이 중국 정부와 손잡으면서 막강한 경제력을 행사할 수 있게 되었다. 그들의 삶을 눈여겨볼 일이다. (2012)

대구십영

일찍부터 대구 사람들은 멋과 풍류를 즐겼다.

조선조 초기 '내 고향 대구는 경상도의 큰 고을'이라며 남다른 고향 사랑을 노래한 사람이 있었다. 바로 서거정徐居正, 1420~1488인데, 그는 조선조 성리학자이자 개국공신인 권근權近, 1352~1409의 외손자이다. 세종 26년에 급제하였고, 집현전 박사를 시작으로 대사헌과 6조 판서를 지냈으며, 홍문관과 예문관의 대제학을 지냈다. 또한 45년 동안 관직에 있으면서 조선 왕조의 기틀을 다지고 문풍을 진작시키는 데 크게 이바지하였다.

그는 대구의 아름다운 풍경 열 곳을 가려서 '대구십영大丘十詠'을 남겼다.

제1경은 '금호범주琴湖泛舟'로 금호강의 돛단배를 노래하였다. 그 뜻을 풀어보면, 금호강 맑은 물에 돛단배 띄우고/ 이리저리 한가롭게 갈매기와 어울리네/ 달 아래 한껏 취해 노 저어가니/ 다섯 호수에서 노는 것만이 풍류가 아니라네. 참 멋지다. 지금은 비록 돛단배가 없으나 그 운치는 여전히 금호강에 녹아 있다.

제2경은 '입암조어笠巖釣魚'로 삿갓바위에서 낚시하는 모습을 읊었다. 그 내용은, 안개비 자욱한 가을날 연못에서/ 낚시 드리우고 홀로 앉아 생각이 하염없네/ 미끼 아래 잔고기 많은 거야 알고 있지만/ 금자라 낚지 못해 멈출 수가 없다네. 여유로운 모습이다. '입암笠巖'은 바위 모양이 삿갓을 쓴 늙은이 모습 같다 하여 붙여진 이름인데, 아직 정확한 위치를 비정하지 못하고 있다.

제3경은 '구수춘운龜岫春雲'으로 연귀산에서 바라본 봄 구름을 노래하였다. 거북뫼 은전할사 삼신산만 같을시고/ 저기서 나오는 구름 무심한 듯 유심하이/ 온 백성 다 바라거니 단비 아니 주시리. 연귀산은 대구의 진산으로 풍치가 좋을 뿐 아니라 기우제를 지내던 곳이다. 또한 비보풍수의 뜻으로 돌거북을 만들어 머리는 남쪽으로, 꼬리는 북쪽을 향하도록 놓아 지맥이 통하도록 하였다는 기록이 있다. 지금도 옛 연귀산 자리인 제일중학교 교정에 가면 아름다운 봄 풍경을 즐길 수 있다.

제4경은 '학루명월鶴樓明月'로 금학루의 보름달을 읊었다. 한 해에 열두 번 보름달이 뜨지만/ 추석이 되면 더욱 더 둥그렇네/ 긴 바람 불어와 구름을 쓸어가니/ 누각엔 작은 먼지도 붙일 곳이 없네. 금학루는 지금의 대안동에 있었다고 하는데, 누각 모양이 마치 학이 춤을 추는 듯하다고 해서 붙여진 이름이다. 그런 누각에서 바라보는 보름달은 한결 아름다웠으리라.

제5경은 '남소하화南沼荷花'로 남소의 연꽃을 노래하였다. 물 위에 새 연잎 동전 포갠 듯하더니/ 꽃이 피자 마침내 배보다 더 크다네/ 너무 커서 쓰기 어렵다 말하지 말게나/ 만백성 고질병을 고칠 수 있으리. 남소란 오늘날 영선시장이 들어서 있는 영선못[蓮信池]을 가리키는 것으로 추정하고 있으나, 다른 의견도 없지 않다. 그 못에는 크고 아름다운 연꽃이 만발하였고, 백성들의 질병 치료를 위한 약재로 쓰였다고 한다.

제6경은 '북벽향림北壁香林'으로 북벽의 향나무 숲을 읊었다. 옛 벽 푸른 측백나무 옥창 같이 길고/ 긴 바람 끊임없어 사계절 향기로워라/ 은근히 정성 모아 힘들여 가꾼다면/ 맑은 향기 머물러 온 고을에 가득하리. 측백나무는 예부터 향기로운 나무로 칭송을 받았다. 지금도 도동의 산 절벽 아래 무성하게 숲을 이루고 있는데, 우리나라 천연기념물 제1호로 지정되었다.

제7경은 '동사심승桐寺尋僧'으로 동화사를 찾아가는 스님을 노래하였다. 멀리 절 오르는 층층의 돌계단 길/ 푸른 행전 흰 버선에 검은 지팡이로다/ 이 시절 흥겨움을 아는 이 없으리니 / 청산에 흥이 있지 스님에게 있지 않네. 동화사는 팔공산에 자리 잡은 큰절로, 절 주변에 만발한 오동나무 꽃을 보고 이름을 그리 지었다고 한다.

제8경은 '노원송객櫓院送客'으로 노원에서 길손과의 이별을 읊었다. 해마다 벼슬길에 버들 푸르고/ 가깝고 먼 역이 수없이 이어졌네/ 이별 노래 다 부르고 서로 헤어지니/ 모래밭엔 흰 술병 두어 개 누웠구나. 지금의 팔달교 부근에 자리 잡았던 대노원大魯院은 서울로 가는 길목의 첫 나루터였다. 그래서 과거를 보기 위해 떠나는 선비나 길손들의 이별 장소이기도 하였다.

제9경은 '공영적설公嶺積雪'로 팔공산에 쌓인 눈을 노래하였다. 천길 팔공산 층층이 험준한데/ 쌓인 눈 하늘 가득 이슬처럼 맑구나/ 신사에 신령님 계심을 알겠거니/ 해마다 서설 내려 풍년을 기약하네. 팔공산은 신라의 오악五岳 가운데 중심이었으며, 특히 정월에 내리는 눈을 삼백三白이라 하여 풍년의 조짐으로 보았다.

제10경은 '침산만조砧山晩照'로 침산의 석양을 읊었다. 물줄기 서쪽으로 흘러 산머리에 이르고/ 침산의 푸른 숲은 가을 정취 더하네/ 저녁 바람 타고 오는 방아 소리는/ 노을에 젖은 나그네 시름 애끓게 하네. 침산은 대구의 신천 하구를 지키는 수구막 구실을 한다. 거기에서 바라보는 낙조는 넓은 백사장과 금호강의 금빛 물결이 어우러져 장관을 연출한다.

세월의 흐름은 많은 것을 바꿔 놓았다. 제2경의 입암과 제4경의 금학루, 그리고 제8경의 노원은 흔적조차 찾을 길 없고, 제5경의 남소에 대해서는 이견異見도 있다. 그뿐이랴. 산을 헐고 물길을 돌리고, 여기저기에 크고 작은 도로가 뚫렸으며, 곳곳에 공업단지며 아파트단지가 들어섰다. 또한 공원과 유원지가 조성되고, 새롭게 경관을 조성한 곳들도 많다.

근자에 들어 '새로운 12경'을 가려 뽑아 대구의 명소로 지정하였다.

'팔공산/ 비슬산/ 낙동강 강정 · 고령보/ 신천/ 수성못/ 달성토성/ 경상감영과 옛 골목/ 국채보상운동 기념공원/ 대구 스타디움/ 대구타워/ 동성로/ 서문시장'이 바로 그곳이다.

사람이 사는 곳에 반드시 멋이 있다고 하였다. 그 같은 멋도 천층만층이다. 운치란 향기로운 멋이 있고, 풍류란 흐트러진 멋이 있는 것이다. 그런가 하면 멋도 시대사조에 따라 변하고 변해 왔다. 그러니 옛것을 가꾸고 지키는 것도 좋지만, 시대와 환경의 변화에 따른 새로운 명소를 다시 지정하는 것 또한 좋은 일이 아니겠는가. (2012)

한 그루 나무에도 역사의 숨결이

대구에는 원형이 잘 보전된 토성土城이 있다.

달성達城은 자연적인 언덕을 이용하여 그 위에 쌓은 토성이다. 달구벌을 상징하는 역사적 공간이기도 하다. 그럼에도 불구하고 그 역사적 배경이나 문화적 가치에 대한 인식과 홍보 부족으로 그동안 까맣게 잊혀져 왔다. 그러나 지역의 뜻있는 사람들은 '달성공원'을 옛 이름인 '달성토성'으로 바꿀 것을 꾸준히 요구하고 있다. 또한 동물원을 다른 곳으로 이전하기를 바라고 있다. 그와 함께 인근에 흩어져 있는 문화 유적과 연계한 복원계획을 마련함으로써, 도심 재창조의 시발점으로 삼아야 한다는 목소리가 높다.

달성에는 신라 · 고려 · 조선시대의 숨결이 깃들어 있다.

달성은 달구벌에서 축성된 최초의 성이다. 경주의 월성과 비슷하게 자연적인 구릉을 이용하여 쌓은 토성인데, 삼한시대 이래로 지역의 중심 세력을 이루고 있던 집단들이 생활 근거지에 쌓은 자연발생적 성이라 할 수 있다. 학자들은 청동기시대 이래로 이 지방의 중심 세력을 이루고 있던 집단들의 성으로 추정하고 있다.

달성은 고려 중엽인 정종 때부터 달성 서씨의 세거지였다. 그들은 달구벌의 주요 지배 세력이었고, 달성·동산·남산·계산동 일대를 기반으로 삼고 있었으며, 조선조 세종 때에 이르러 관아 부지로 결정되자 쾌히 내놓았다. 그에 따라 조정에서 포상을 내리려고 하였으나 종손인 구계龜溪 서침徐沈 선생은 그 대신 주민들이 관아에서 빌린 환곡의 이자를 감하여 줄 것을 건의하여 허락 받았다. 그 같은 배려로 해서 서침 선생은 주민들로부터 크게 존경 받았을 뿐 아니라, 조정으로부터 옛 남산병원 일대의 토지를 하사 받았다. 그 뒤 임진왜란 중이던 선조 29년 경상 좌도와 우도가 통합되고, 달성에 감영이 설치되었으나 정유재란에 불타고 말았다.

성 안에 먹을 물이 부족한 것이 흠이었다. 이곳저곳을 파보았으나 물이 나오지 않아서 애를 태우던 중에, 주인의 꿈에 한 노인이 나타나 '어느 곳을 파 보라'고 일러준 대로 팠더니

물이 나왔다고 한다. 샘물이 찰 뿐 아니라 맛도 좋아서 영천靈泉이라 불렀다. 어느 날 조정에서 높은 벼슬아치가 오자, 그 이야기를 들려주었더니 물을 한 바가지 퍼 오라고 해서 달려가 물을 길어 올리니 두레박 안에 커다란 잉어 한 마리가 담겨 있었다. 쏟아버릴까 하다가 이전에 없었던 일이라 그대로 가져가 자초지종을 이야기하였더니, 물맛이 참 좋다고 칭찬하면서 잉어는 음식으로 만들도록 하였다. 그 뒤부터 귀한 손님이 올 때마다 그 인원만큼 잉어가 나와서 '잉어샘'이라 불렸다고 전해지는데, 그 자리가 어딘지 알 수 없다. 그뿐이랴. 효성이 지극한 한 아들의 미담이 깃들인 '미꾸라지샘'에 관한 이야기도 있다.

그런가 하면 얼룩진 흔적들도 없지 않다. 1894년 청일전쟁 때는 동학 혁명군을 진압한다는 구실로 일본 병참부대가 주둔하였다. 전쟁이 끝난 뒤에도 철수하지 않고 헌병대와 통신수비대를 잔류시켰으며, 1904년 일본 수비대장과 일본 거류민단은 달성토성의 공원화 계획을 세워 이듬해 공원으로 조성하였다. 1906년 일본 제국주의의 상징인 황대신궁皇大神宮요배전遙拜殿을 세움으로써 우리 문화를 말살하고, 우리 민족을 황국신민화 하려는 정책을 폈었다. 이 신사 건물은 해방이 되고 난 뒤에도 한동안 철거되지 않고 남아 있었다.

1907년까지 달성의 한가운데는 갈대가 우거진 습지여서 발을 들여놓을 데가 없었다. 특히 오르막길은 징검 돌길이 되어 두 사람이 나란히 걸을 수 없었다. 그러다가 1907년 일본 사람들이 기성회를 조직하여 단풍나무 · 벚나무 · 소나무 등 6만여 그루의 묘목을 심었고, 순종황제가 시찰할 즈음에는 조금씩 공원의 모습을 갖추기 시작했다.

1909년 1월 11일, 조선의 마지막 임금인 순종황제가 시찰했다.

그날 130년 된 가이즈카 향나무 한 그루를 기념 식수하였다. 지금껏 잘 자라서 거목이 되었을 뿐 아니라, 세월의 흔적을 더듬어 볼 수 있도록 해주고 있다. 그밖에도 성 안에는 느티나무 · 느릅나무 · 참나무 · 이팝나무 · 회화나무 같은 다양한 향토 수종의 나무들이 숲을 이루고 있다. 그 가운데는 보호수로 지정된 것들도 적지 않다.

해방이 되자 새로운 모습으로 가꾸기 시작했다. 1948년 민족시인 이상화를 기리는 시비가, 1958년 어린이 헌장비가 각각 세워졌으며, 전국 최초의 일이었다. 뒤이어 독립운동에 앞장섰던 왕산 허위 선생과 이상용 선생의 뜻을 기리는 비석, 그리고 대구에서 사형 당한 수운 최제우를 기리는 동상이 세워졌고, 또한 석재 서병오 선생을 기리는 예술비와 죽농 서동균 선생을 기리는 문화비, 그리고 달성서씨유허비達城徐氏遺墟碑가 세워졌다. 그뿐이랴. 고풍스런 한옥 형태의 향토역사관과 동물원이 들어섰는데, 영친왕의 아들인 이구李玖가 설계한 대구 최초의 동물원이다.

달성의 아름다움은 겨울에 한층 더 빛을 발한다. 함박눈이 내린 아침나절에 한 바퀴 돌아보면 묘한 운치를 즐길 수 있어서 연인들의 공간으로 안성맞춤이다. 그와 함께 성곽 북쪽에 자리 잡고 있는 마을을 왜 '날뫼[飛山洞]'이라고 부르는지, 그 의미를 헤아려 볼 수도 있다.

달성은 수천 년 동안 달구벌을 지켜온 천혜의 요새였다. 그러나 이 같은 신성한 공간이 역사의 소용돌이 속에서 일본에 의해 대중적 공간으로 전락하고 말았음은 안타까운 일이라 하겠다. 하지만 근자에 이르러 향토의 역사와 풍물에 대한 관심이 높아지고 있음은 다행스런 일이라 하겠다.

미래지향적인 문제들이 제기되고 있다. 이를테면 성곽 · 우물터 · 군사 훈련장 · 매몰된 유적 같은 것들에 대한 지표조사를 실시하고, 그 결과를 바탕으로 삼아 토성 복원계획을 마련해야 한다는 주장이다. 그와 함께 공원 안에 자리 잡고 있는 경상감영의 정문이었던 관풍루의 이전, 공원을 둘러싸고 있는 담장의 철거, 공원 앞을 흐르고 있는 달서천의 복원 같은 문제들을 한데 아우르는 종합계획을 마련하여, 새롭게 개발해야 한다는 공감대가 형성되고 있다.

시민생활의 향상은 물론, 도시의 품격을 드높이기 위해서라도 아름답고 멋스런 공간으로 가꾸어 나가야 하지 않을까 생각해 본다. (2011)

원효의 자취를 찾아서

아카시아가 흐드러지게 피었다. 햇빛에 반짝이는 이파리들이 싱그러웠고, 바람결에 실려 오는 향기는 코끝을 간지럽게 하였다. 걷기에 참 좋은 날씨였다. 원효대사元曉大師의 자취를 더듬어 보려고 길을 나섰다.

그는 신라시대의 고승으로, 진평왕 39년서기 617년 태어나서 신문왕 6년서기 686년까지 살았다. 신라에 불교가 공인된 지 90년 만에 태어난 우뚝한 불교 사상가이자 사회 지도자였다. 속성은 설薛 씨, 아명은 서당誓幢 또는 신당新幢, 출가한 뒤 스스로 원효元曉[새벽]라 이름 지었다. 『삼국유사』에 따르면, 어머니가 그를 잉태할 때 유성이 품으로 들어오는 꿈을 꾸었으며, 낳을 때에는 오색의 구름이 땅을 덮었다고 한다.

출가한 것은 14~15세 때라고 전한다. 남달리 영특하여 불법의 깊은 뜻을 깨달음에 있어서 특정한 스승에 의존하지 않았다고 한다. 고려의 대각국사 의천義天의 시에 의하면, 원효는 의상義湘과 함께 고구려의 고승인 보덕報德에게 열반경·유마경 등을 배웠다고 한다.

그의 태어난 곳과 머물렀던 곳을 차례로 더듬어 보았다.

제석사帝釋寺, 경산시 자인면 북사리 소재를 찾았다. 그의 출생지로 알려져 있으나, 확실한 유물이 없다는 이유로 아니라는 이견도 있다. 그러나 주민들과 향토사학자들은 밤골[栗谷里] 아래 위치한 제석사를 불땅절[佛地寺]로 부르며 출생지로 믿고 있다. 지금은 시가지 한가운데 주택가에 둘러싸여 있다.

이어서 초개사初開寺, 경산시 유곡동 소재로 발걸음을 옮겼다. 그가 살았던 집터에 세운 절이라고 알려졌다. 주변의 풍광을 바라보면서 구불구불한 산길을 걷는 재미가 괜찮았다. 바람에 한들거리는 이파리들이 마치 어린아이의 살갗처럼 보들보들하고 윤이 났다. 옛 모습은 찾을 길이 없고, 설총薛聰을 기리는 비석과 새로 지은 절집만을 보았다.

반룡사盤龍寺, 경산시 용성면 용전리 소재에 이르렀다. 신라 문무왕 원년서기661년에 원효대사가 창건한 절집이다. 임진왜란 때 소실되었다가 중창 또는 창건되었고, 조선시대에 들어서 억불숭유 정책으로 암자들이 허물어졌으며, 그 뒤 대웅전에 봉안된 보물급 아미타불상을 도난당하기도 하였다. 지금도 중창 불사가 진행되고 있다. 잘 모르긴 해도, 경주에 머물던 그가 이전에 살았던 데까지 들고 날 적에 이 고갯길을 넘나들지 않았을까, 짐작해 보게 된다.

분황사芬皇寺는 경주에 있는 신라시대의 절집이다. 『삼국사기』에는 선덕여왕 3년서기634년 정월에 창건되었다고 기록하고 있는데, 유일하게 평지에 세운 사찰로서 왕실의 원찰이었을 것으로 추정하고 있다. 일찍이 원효는 이곳에 머물면서 『화엄경소華嚴經疎』를 썼으며, 조선조 숙종 6년서기 1101년 왕의 조서에 의해 한문준韓文俊이 화쟁국사비和諍國師碑를 건립하였다. 그 뒤 몽골의 침입과 임진왜란 등으로 큰 손상을 입었다. 현존하는 당우로는 보광전 · 승당 · 종각이 있으며, 그밖에 모전석탑국보 제30호 · 분황사 화쟁국사비부 · 분황사 석정 · 석등 · 건물지의 초석 등이 남아 있다.

그가 깨우침에 이른 과정을 더듬어 보면 이렇다.

그는 의상과 함께 당나라에 가기 위해 당항성黨項城으로 향하였다. 그런 가운데 어느 비 오는 날 밤길에 땅막[土龕]에서 자게 되었다. 이튿날 아침에 깨어보니 땅막이 아닌 오래된 무덤임을 알았다. 비가 계속 내려서 하룻밤을 더 지내다가 귀신의 동티를 만나 심법心法을 크게 깨치고 '마음이 일어나므로 갖가지 현상이 일어나고, 마음이 사라지니 땅막과 무덤이 둘이 아님을 알았다'고 생각하였다. 거기서 모든 진리를 체득하게 되었다. '또 무엇을 구하고, 어디에 가서 무엇을 배운단 말인가. 신라에 없는 진리가 당唐에는 있으며, 당에 있는 진리가 신라에는 없겠는가' 하며 곧바로 되돌아와 저술과 대중교화에 몰두하였다고 한다.

그의 중심 사상은, 범부들이 깨달음에 도달하기 위해서는 먼저 심신을 철저히 분석하는 데 두어야 한다는 데 있었다. 그런 연후에 각자의 근기에 따라 수행의 실천을 하도록 유도하고 있다. 다시 말해, 심식연구-수행실천-깨달음이라는 윤리적 목표에 있다고 해도 좋을 것이다. 또한 자신의 주장을 펴는 데 있어서 '화쟁和諍'이라는 방법을 썼다. 어느 일종一宗·일파一派에 구애됨이 없이 "만법萬法이 일불승一佛乘에 총섭總攝되어야 하는 것은 마치 대해大海 중에 일체 중류衆流가 들어가지 않음이 없는 것과 같다"고 하였다. 이 같은 그의 주장은 석가모니의 화합정신에서 나온 것이라 할 수 있다.

그는 요석공주瑤石公主와의 사이에 설총薛聰이라는 아들을 두었다.

그에 얽힌 이야기가 자못 흥미롭다. 대사가 어느 날 상례를 벗어난 행동을 하며 거리에서 노래를 불렀다. '그 누가 내게 자루 없는 도끼를 주려는가. 내가 하늘을 떠받칠 기둥을 찍어 보련다.' 사람들은 그 의미를 알지 못하였으나, 태종 무열왕이 그 말을 듣고는 말하였다. '대사가 아마 귀한 부인을 얻어 어진 아들을 낳고 싶어 하는 것 같구나. 나라에 위대한 현인이 있으면 그 이로움이 막대할 것이다.'

그때 요석궁瑤石宮에 과부 공주가 있었다. 왕은 궁리宮吏를 시켜 대사를 불러오게 하였다. 궁리가 왕명을 받들어 원효를 찾아보니, 이미 남산을 거쳐 문천교蚊川橋를 지나고 있었다. 원효는 궁리를 만나자 일부러 물에 빠져 옷을 적셨다. 궁리는 원효를 요석궁으로 인도하여 옷을 말리고, 그곳에서 머물다 가도록 하였다.

마침내 공주는 태기가 있어 설총薛聰을 낳았다. 원효가 계戒를 어겨 설총을 낳은 뒤로는 속인의 의복으로 바꾸어 입고 스스로 소성거사小姓居士라 불렀다. 어느 날 우연히 광대들이 굴리는 큰 박을 얻었는데, 그 모양이 기괴하였으므로 그 형상을 따라 도구를 만들었다. 그리고는 화엄경의 '일체 무애인無碍人은 한 번에 생사를 벗어난다'라는 구절을 따라서 '무애無碍'라 이름 짓고, 수많은 부락을 돌아다니며 노래하고 춤추며 교화시키다 돌아왔다. 그렇게 대중교화의 행적을 마친 뒤에는 다시 소성거사 아닌 원효화상으로 돌아가 혈사穴寺에서 생애를 마감하였다.

그리고 설총은 태어나면서부터 지혜롭고 영민하여 경서와 역사에 널리 통달하였다. 그 뒤 신라의 10현賢 가운데 한 사람이 되었다. 뒷날 원효가 입적하자, 설총이 유해를 잘게 부수어 참 얼굴[眞容]을 빚어 분황사에 모시고, 공경하고 사모하여 슬픔을 표시하였다. 그때 설총이 옆에서 예를 올리자 소상塑像이 갑자기 돌아보았는데, 지금까지도 돌아본 채 그대로 있다.

저녁나절, 오어사吾魚寺, 포항시 오천읍 항사리 소재에서 한숨을 돌렸다. 신라 진평왕眞平王 때 자장율사가 창건하여 처음에는 항사사恒沙寺라 하였다. 창건 이후 신라의 사성四聖으로 추앙받던 자장·혜공·원효·의상 대사가 머물렀던 곳으로 널리 알려졌다. 그런데 혜공과 원효에 대해서는 절 이름과 관련된 재미있는 설화가 전한다.

두 스님은 수행의 여가에 광석대廣石臺에 앉아 노닐기도, 도를 논하기도 하였으며, 물고기를 낚아 삼킨 뒤 뒤를 보며 장난을 치기도 하였다. 그 똥이 물고기로 변해 모두 흐름을 따라 내려가건만, 오직 한 마리만이 물줄기를 거슬러 올라갔다. 혜공 스님은 미소를 머금고 그 물고기를 가리키며 "저놈이 바로 내吾 고기魚로다!" 하였다. 이것이 바로 절의 편액이 비롯된 소이이다.

'사적事迹'에 소개된 것 말고 또 다른 판본 하나. 혜공과 원효 스님이 물고기를 잡아먹고 똥으로 배설된 물고기를 되살리는 시합을 벌였다. 불행히 한 마리는 살지 못하고, 다른 한 마리만 살아서 힘차게 헤엄쳐 갔다. 이를 본 두 스님은 서로 자기가 살린 물고기라고 우기며 "내吾 고기魚"라고 했다는 것이다. 그러나 이 일화의 정본定本은 『삼국유사』이다.

어느 날 혜공과 원효 두 스님이 개울가에서 물고기를 잡아먹은 뒤 바위 위에 똥을 누었다. 혜공이 그것을 가리키며 "그대의 똥은 내吾 고기魚일 게요" 하고 놀려댔다. 그 일로 말미암아 오어사라 부르게 되었다는 내용이 앞의 책 권4 『이혜동진二惠同塵』에 실려 있다. 다시 말해, 오어사에 얽힌 혜공과 원효 스님의 일화는 『삼국유사』에 바탕을 두고, 조금씩 살을 붙이고 각색하여 몇 가지 버전이 만들어진 셈이다.

아, 세월이 흐르고 세상은 크게 달라졌다. 절집이며 석물들이며 유물들, 그 가운데는 전쟁이나 화재로 깨어지고, 허물어지고, 불에 타서 볼 수 없는 것들이 부지기수였다. 또한 아둔한 내 머리와 붓으로 감당하기에 벅차다는 생각도 들었다. 모처럼 위대한 인물의 행적을 더듬어 보려고 길을 나섰으나, 아쉬운 마음을 달래며 발걸음을 되돌려야 했다. (2012)

존존하고 아리따운 그 모습

어느 날 문득 백제의 흔적들을 돌아보고 싶었다.

가을비가 부슬부슬 내리는 데도 집을 나섰다. 느닷없는 길 떠남이다. 따지고 보면 나는 신라의 후예라 할 수 있다. 그래서 언제든지 마음만 먹으면 그 흔적을 두루 살펴 볼 수 있지만, 백제는 아무래도 소원해질 수밖에 없다. 그만큼 더 궁금하고 그리워지기도 하지만.

백제는 고구려·신라와 더불어 삼국을 이루며 자웅을 겨루던 한반도 중부의 강국이었다. 그리고 고도 사비泗沘; 지금의 부여는 마지막 123년의 세월을 지키던 도읍지였다. 부여는 그리 크지 않은 삶의 터전이다. 인구 3만 명 남짓한 소도읍, '여기가 과연 한 시대를 이끌었던 백제의 왕도王都 사비泗沘란 말인가?' 하는 의아심마저 든다.

부여에 대한 허망함은 왕도에 대한 환상 때문인지도 모를 일이다. 백제의 도읍지로서 찬란한 문화를 꽃피웠다는 사실도 그렇고, 고구려의 평양이나 신라의 경주에 버금가는 유적을 기대하기 때문에 더욱 그렇다. 그러나 막상 부여에 발을 들여놓으면 왕도의 위용은커녕 조그만 시골 읍내의 퇴락한 풍광과 마주하게 될 뿐이다. 그래서 왕도의 모습은 처연하다.

그들은 일찍부터 한강 유역을 차지하였다. 또한 주변 지역을 통합해 경제력을 키움으로써 맹주 노릇을 하였다. 안으로는 나라의 기틀을 튼튼히 하였고, 밖으로는 뱃길을 열어 중국의 군현과 교역을 하였다. 그 같은 강한 세력을 바탕으로 중국의 남조나 왜 등과 해상 교류를 통해 독특한 문화를 일구었다.

한동안 태평성대를 누렸다. 궁성에 크고 작은 건축물들을 수축하였고, 넓은 연못을 만들어 그 가운데 정자를 세웠으며, 둘레에는 나무를 심어 운치를 더했다. 기록에 따르면 '궁성의 남쪽에 연못을 파고 20여 리나 되는 곳에서 물을 끌어들여 주위에 버드나무를 심고, 못 한가운데에 중국의 전설에 나오는 방장선산方丈仙山을 모방한 섬을 만들었다'고 전한다. 그곳에서 철따라 군신들과 더불어 잔치를 베풀고, 뱃놀이를 즐기기도 하였다. 그런가 하면 그들의 빼어난 조경 기술은 바다를 건너가 일본 조경의 시초가 되었다.

그들은 크고 작은 사찰을 지었고, 빼어난 솜씨로 탑이며 불상을 다듬어 세웠다. 장인들의 솜씨는 참으로 놀라웠다. 후대에 이르러 발굴된 것을 보면, 가람 배치와 화상전畵像塼들이 그 같은 솜씨를 입증해 주고 있다. 박물관에 진열되어 있는 불상들을 살펴보면, 은은한 광선 아래 비치는 담박한 불상의 살결과 담소한 얼굴 맵시를 통해 백제 조각이 지니는 은근한 아름다움을 실감할 수 있다. 특히 금동불상이나 백제금동대향로百濟金銅大香爐를 바라보고 있으면 감탄사가 절로 쏟아진다.

그들의 역사 속에는 숱한 애환이 깃들어 있다. 그 가운데는 우리네가 잘 알지 못했거나 무심히 넘겼던 일, 또한 잘못 알고 있던 일들도 있다. 그런 것들을 살펴보려고 발걸음을 재촉하였다.

먼저 능산리의 고분공원으로 향했다. 예부터 이곳의 고분군은 왕릉으로 전해져 왔지만, 그 모두가 왕릉일 수는 없다. 그 까닭은 사비시대 백제의 왕은 모두 여섯 분이기 때문이다. 그 가운데 성왕은 공주, 무왕은 익산, 의자왕은 중국에 무덤이 있는 것으로 알려졌다. 따라서 위덕왕·혜왕·법왕 세 분만 여기에 해당하는 셈이다. 그러니 왕을 중심으로 한 귀인들의 무덤으로 봐야 할 것 같다.

제31대 왕이었던 의자왕은 달밤에 사비성泗沘城을 빠져나와 백마강의 물길을 이용해 웅진의 공산성公山城으로 몸을 피했다. 아들 융이 성문을 열고 나아가 항복하였고, 뒷날 신라의 문무왕이 되는 김법민은 그를 꿇어앉혔다. 그리고 대야성大耶城 싸움 때 의자왕이 자신의 누이를 죽인 것을 지적하며, "그 일로 나는 20년 동안이나 마음이 아팠다. 오늘 네 목숨은 내 손에 달렸다."고 하였다. 뒤이어 사비성이 함락되자 의자왕은 태자 효를 거느리고 나와 항복하고 말았다. 서기 660년 7월에 있었던 일이다.

소정방은 의자왕과 왕자 융을 비롯한 백제인 1만 2천여 명을 당나라로 끌고 갔다. 그 뒤 의자왕은 낙양에서 죽어 북망산에 묻히고 말았다. 세월이 많이 흘러 1995년부터 의자왕의 무덤을 찾기 시작하였으나 끝내 찾지 못하였다. 그래서 왕의 무덤으로 추정되는 곳의 흙을 가져다 부여읍 능산리 고분군에다 가묘와 제단을 만들었다.

부소산성扶蘇山城으로 발길을 옮겼다. 부소산은 그 높이가 고작 100미터 정도의 야트막한 산이다. 산성은 부여의 서쪽을 반달 모양으로 휘감아 흐르는 백마강을 끼고 흙과 돌을 섞어 쌓았으며, 그 넓이는 74만 평방미터 정도이다. 남쪽 기슭은 왕궁 터로 보여 지고, 북쪽은 낙화암을 통해 백마강에 접해 있다. 산책로는 부소산 전체를 에둘러 조성되어 있고, 오르막 내리막은 있으나 그리 험하지 않아서 걷기에 안성맞춤이다.

그리고 웅진熊津; 지금의 공주에서 사비泗沘; 지금의 부여로 천도한 뒤, 멸망할 때까지 123년 동안 도읍지를 지킨 중심 산성이다. 주위의 보조 산성인 청산성 · 청마산성과 함께 도성을 방어하는 구실을 했으며, 평시에는 왕과 귀족들이 아름다운 경관을 즐기던 비원으로 활용했을 것으로 보인다. 성내에는 고란사皐蘭寺 · 낙화암落花巖 · 서복사西復寺 · 궁녀사宮女祠 · 군창軍倉 등이 있었다고 하는데, 지금은 고란사皐蘭寺 · 낙화암落花巖 · 백화정百花亭 · 영일루迎日樓 · 반월루半月樓, 그리고 불에 탄 쌀이 발견된 군창軍倉 자리와 가람이 있었던 빈 터만을 살펴 볼 수 있다. 그 가운데 백화정百花亭은 1929년 궁녀들의 원혼을 추모하기 위해 낙화암 정상에 세운 것이다.

낙화암은 부소산성의 명소이다. 흔히들 3천 궁녀가 백마강을 향해 꽃처럼 몸을 날려 자결했다고 하지만, 그것은 과장된 거짓이다. 그 당시의 인구나 성 안에 살았던 사람들의 수로 보아도 아귀가 맞지 않는다. 그러므로 성 안에 살던 아녀자들이 적에게 쫓겨 달아나다가 저절로 무리를 이루었을 터이고, 그 가운데는 약간의 궁녀들도 섞여 있었을 것이다. 그들은 낙화암에 이르러 더 물러날 곳이 없게 되자 굴욕을 면하지 못할 것으로 알고 다들 백마강에 몸을 던졌을 것이다.

역사는 승자의 기록이라 하였다. 그래서 태종무열왕과 김유신 장군에 대한 이야기는 부풀려지거나 미화되어 칭송을 받는 반면, 의자왕은 여색에 빠져 국사를 돌보지 않은 나쁜 임금으로 비하된 것이 아니겠는가. 계백 장군 또한 그 같은 범주에서 벗어나지 못했을 터이고. 씁쓸한 생각을 되새기며 낙화암 주변을 서성거렸으나 궁녀들의 흔적은 찾을 길 없고, 가을비가 나를 더욱 심란하게 만들었다. 아무튼 패자는 말이 없는 법이다.

예전에 한 선비가 이렇게 말하였다. "부소산성은 '늦가을, 비 오는 날, 저녁 무렵, 혼자서' 찾아야만 처연한 아름다움을 만끽할 수 있다." 그 말의 의미를 생각하면서, 고목이 된 참나무와 잘생긴 소나무를 바라보면서 산길을 천천히 걸었다. 카펫처럼 푹신하게 깔린 낙엽을 밟고 또 밟았다. 느낌이 참 좋았다.

어느 고을이나 빼어난 풍경이 있게 마련이다. 부여에도 그런 곳들을 가려 뽑아서 '부여 8경'으로 정했는데, 그 가운데

'저녁 무렵 부소산에 내리는 비'를 두 번째로 꼽았다. 옛 선비들의 말이 거짓이 아님을 입증하는 셈이지만, 나로서는 첫 번째로 꼽고 싶다. 어설픈 변설보다 늦가을, 비 오는 날 걸어보면 그 까닭을 알게 될 터이다.

무령왕릉武寧王陵은 공주시 북서쪽에 자리 잡은 송산리 고분공원에 있다. 그 내부는 출입을 금하고 있어서 모형관만 보고 나왔다. 그 대신 출토 유물을 전시하기 위해 세운 공주박물관, 그곳에서 열리고 있는 '무령왕릉 발굴 40주년 기념 특별전'을 살펴보았다. 그런데, 출토 유물을 전시하는 박물관을 왕릉 부근에 세우지 않고, 이처럼 먼 곳에 따로 세웠는지 그 까닭이 궁금했다.

발굴 당시 책임자였던 국립박물관 김원용 관장의 말이 떠올랐다.

그는 '무령왕릉 발굴은 내가 잘못한 것'이라며 자신의 어처구니없는 실수를 자책한 바 있다. 그도 그럴 것이 무령왕릉의 발견은 실로 위대한 일이었다. 그것이 무령왕릉일 줄은 꿈에도 예기치 못했고, 또 도굴되지 않은 처녀분이라고 생각하지도 않았다. 다들 그런 행운은 백 년에 한 번이나 올까말까 하다며 그를 축하했지만, 그 같은 엄청난 행운이 그만 멀쩡하던 그의 머리를 돌게 하고 말았다. 마땅히 충분한 장비를 갖추고, 한 달이고 두 달이고 눌러앉아서 차분히 조사했어야 할 일이었다. 그럼에도 불구하고 불과 하루 만에 발굴 작업을 후닥닥 끝내버렸으니, 고고학도로서의 어처구니없는 실수를 자책할 만도 하다.

그밖에도 여러 곳을 밟아보았다. 웅진熊津; 지금의 공주이 백제의 왕도였을 때, 그곳을 지켰던 공산성公山城이며 국립공주박물관의 유물들을 살펴보았다. 또한 국립부여박물관에서 출토된 유물을 두루 살펴보았다. 그 가운데서 빛깔도 찬란한 백제금동대향로를 보았는데, 백제인들의 정신세계와 예술적 역량이 함축된 진수라는 생각이 들었다. 그리고 백제 미술의 꽃이라 일컫는 정림사지로 향했다. 절집은 간데없고 석탑만이 덩그러니 앉아서 빈 터를 지키고 있다. 허전하고 쓸쓸했다. 하지만 오층석탑은 부여에 있는 유일한 백제시대 유적으로, 우아한 아름다움의 상징이라 할 수 있다.

일찍이 육당 최남선은 부여에 대한 사랑을 이렇게 말하였다.

"평양에를 가면 인자한 어머니의 품속에 드는 것 같고, 경주에를 가면 친한 친구를 대한 것 같으며, 평양에서는 무엇인가 장쾌한 생각이 나고, 경주에서는 저절로 화창한 기운이 듭니다. ……평양은 적막한 중에 번화가 드러나고, 경주는 번화

한 가운데 적막이 숨어 있는데, 백제의 부여는 때를 놓친 미인같이 그악스런 운명에 부대끼다가 못다 한 천재자天才者 같이, 대하면 딱하고 섧고 눈물조차 피어오릅니다. 얌전하고 존존하고 또 아리땁기도 한 것이 부여입니다."

어느새 땅거미가 내려 깔리고, 하나둘 불을 밝히기 시작하였다. 존존하고 아리따운 것들에 푹 빠져 지내느라 시간 가는 줄 몰랐다. 모처럼 아내와 함께 한 답사여행, 행복한 하루였다. (2011)

산과 들에 가을 드네

바람의 결이 다르다. 선선한 바람이 정신을 한결 맑게 해준다. 예부터 하늘이 높고 말은 살찐다는 계절이다. 해질녘 들판에 서면 가깝고 먼 풍경이 한 폭의 수묵화로 다가온다. 또 한 번의 가을, 왠지 축복이라는 생각을 하게 된다.

지나간 여름은 폭염과 태풍에 시달렸다. 힘겨웠다. 이 땅을 휩쓸고 지나간 태풍은 엄청난 상처를 남겼다. 쓰러지고, 무너지고, 찢어지고, 부서졌다. 그런 가운데 실종되거나 목숨을 잃은 사람들도 있다. 그 현장에 나가 보면 망연자실하지 않을 수 없다. 그런가 하면 지구촌 축제인 런던올림픽으로 해서 밤잠을 설쳐가며 흥분했었다. 뭉클한 감동도 있었다.

이제 차분하게 사람살이를 추슬러야 할 때가 되었다. 가을이란 거두어들이는 계절인가 하면, 지나간 나날을 차분하게 돌아보는 계절이기도 하다. 이른 봄부터 땀 흘려 가꾸고 수고함으로써 얻은 결실에 감사하는 한편, 이웃과 더불어 나누고 즐길 줄도 알아야 한다. 설령 뜻한 만큼 거두지 못했을지라도 좌절하지 말고 마음을 다독여야 한다. 비단 농사에만 해당되는 이치가 아닐 성싶다.

이 가을은 무엇보다 자기 성찰의 계절이 되었으면 좋겠다.

다들 생존의 차원을 넘어 출세와 성공을 위해 몸부림치고 있다. 그로 해서 빚어지는 폐해가 만만찮다. 지나친 경쟁, 너무 빠른 속도, 넘쳐나는 정보, 충격적인 사건 사고, 무작정 쏟아놓는 말, 부끄러운 줄 모르는 행동거지, 그밖에도 많고 많은 자동차 · 휴대전화기 · 부정부패 · 패거리 · 불만과 분노 · 음주 · 자살……. 삶이 고단하고 짜증스럽다. 하지만 행복은 돈이나 지위가 아닌 마음의 문제이다. 잠깐 동안이라도 삶을 돌아보면서 성찰의 시간을 가졌으면 좋겠다.

이번 가을은 사유와 겸허로 가득한 계절이 되었으면 좋겠다.

이제 인터넷이며 휴대전화며 자동차는 필수품이 되어버렸다. 흔히들 문명의 이기라 하지만, 우리네 정서에 미치는 영향이 엄청나다. 사람들을 고단하게 만들거나 멍청하게 만들기도 한다. 하루 종일 그것들에 매달려 지내다가 집에 돌아오면 머리가 무겁고 정신이 혼미하다. 공연히 가족에게 짜증을 내는가 하면, 술을 마시며 스트레스에서 벗어나려고 애쓴다. 안쓰럽다. 좋은 시라도 한 구절 읊조리든지, 아니면 책이라도 읽으며 마음을 다스릴 수 있었으면 좋겠다. 짬을 내어 고요가 깃든 숲길을 걸을 수 있었으면 더더욱 좋겠다. 느릿느릿 걷다 보면 생각이 깊어지고, 생기를 되찾을 수도 있을 터인데…….

그리운 사람들에게 편지를 쓰는 계절이 되었으면 좋겠다.

언제부터인가 우리는 편지를 쓰지 않는다. 전화나 문자 메시지로 소식을 주고받는다. 편리하다는 것이 그 이유이다. 그리 오래되지 않은 지난날, 우리는 편지로 서로의 마음을 주고받았다. 부모에게, 스승에게, 친구에게, 그리운 사람들에게 따뜻한 마음을 담아서 우체국으로 달려가 우표를 붙였다. 전쟁 때는 낯모르는 국군장병들에게 위문편지를 쓰기도 했었다. 편지에는 정성이 담겨 있을 뿐 아니라 세월이 지나면 아름다운 추억이 되기도 한다. 이 가을에는 그리운 사람들에게 편지를 쓰는 사람들이 많았으면 좋겠다.

혼자보다 더불어 살아가는 사람들이 많았으면 좋겠다.

그동안 우리는 알게 모르게 '빨리 빨리'에 길들여졌다. 빈곤에서 벗어나려고, 그것을 대물림하지 않으려고, 다른 나라에 손 벌리지 않고 떳떳이 살아보려고 바쁘게 뛰었다. 밤잠을 설쳐가며 몸을 사리지 않고 일했다. 그리하여 남들이 오랜 세월에 걸쳐 이룬 것들을 짧은 기간에 이루었다. 다들 '한강의 기적'이라며 부러워하였다. 그로 해서 얻은 것이 많지만, 잃은 것 또한 적지 않다. 허겁지겁 먹은 음식은 체하기 마련이라고, 가치관의 혼돈과 계층간의 갈등을 유발하기에 이르렀다. 지금은 치유하는 데 힘을 모아야 할 때다. 지나친 편견과 집착에서 벗어나 더불어 살아가기 위한 배려와 실천에 관심을 가졌으면 좋겠다. 그와 함께 어디에 살든, 어떤 학교를 다녔건, 어떤 직업을 가졌건 똑같은 기회가 주어졌으면 더욱 좋겠다.

결과보다 과정을 소중하게 여기는 사회가 되었으면 좋겠다.

예전에 '모로 가도 서울만 가면 된다'는 말이 있었다. 하지만 이제 세상이 크게 달라졌다. 더 이상 억지와 잔재주로는 안 된다. 다들 순리와 조화의 바탕 위에 더 나은 사회를 만들자는 데 뜻을 같이하고 있기 때문이다. 기초가 튼튼한 사회, 상식이 통하는 사회, 교양 있는 중산층이 두터운 사회가 우리의 바람이라 할 수 있다. 그 같은 꿈을 이루자면 결과보다 과정을 소중하게 여겨야 한다. 자유로운 소통, 대화와 타협, 그리하여 얻어진 결과를 존중하는 성숙한 모습이 그립다.

누구나 사람답게 살고 싶어 한다. 하지만 그게 그리 쉬운 일은 아니다. 이따금 내가 어디에 서 있는지, 어디로 가야 할는지, 어떤 기준으로 살아가야 할는지 헷갈릴 때가 있다. 이리저리 궁리하고 몸부림쳐 보지만, 거대한 세상은 끄떡도 하지 않는다. 오히려 철저하게 소외된 내 모습에 실망하기 일쑤이다. 초록이 지쳐 단풍 드는 계절, 아름다운 사람살이를 꿈꾸며 즐거운 상상에 빠져 볼 참이다. 사랑 · 낭만 · 미래 · 열정 같은 낱말들을 떠올리며. (2012)

명성의 허와 실

서양 고전음악에 관한 이야기.

고전음악은 어렵고 따분하다는 말을 자주 듣는다. 또한 상류 사회 사람들이 즐겨 듣는 음악이라는 이야기도 듣는다. 사실 그렇다. 고대 로마의 돈 많고 권세를 누리던 계층에서 즐겨 듣던 음악이었다. 하지만 지금은 그렇지가 않다. 많은 사람들이 즐겨 들을 뿐 아니라, 지성인의 교양을 가늠하는 잣대가 되기도 한다. 그리고 외국에 나갔을 때 그것으로 해서 뜻밖에 우대를 받는 경우도 있다.

고전음악은 잘 몰라도, 베토벤이라는 이름은 한 번쯤 들어보았으리라. 그는 천부적인 재능과 초인적인 노력을 겸비한 음악가였다. 더구나 청각 상실이라는 어려운 상황에도 불구하고, 교향곡 제5번 '운명'을 비롯한 불후의 명곡들을 작곡하였다. 그의 음악은 인간의 내면세계를 극명하게 표출함으로써 우리에게 무한한 힘과 위안을 준다.

베토벤은 그만큼 우뚝한 존재이다. 설령 고전음악을 잘 모르는 사람들도, 베토벤의 작품이라고 하면 '좋은 음악'이라고 생각하기 마련이다. 그래서 상대방이 고전음악을 잘 모른다 싶으면, 다른 사람의 작품을 가지고 '베토벤의 작품'이라고 해도 고개를 끄덕이며 좋아한다. 그런가 하면, 어떤 여성 연주자는 "베토벤, 그는 내가 평생 사랑할 남자"라며 그의 작품에 푹 빠져 있다.

와인에 얽힌 재미난 이야기.*

해외시장 개척은 여간 어려운 일이 아니다. 시카고에 있는 한 대형 유통업체의 문은 좀체 열리지 않았다. 아예 사람을 만나주지도 않았다. 인맥을 총동원한 끝에 간신히 저녁 약속을 잡을 수 있었다. 가볍게 식사나 하자는 제안에 그쪽에서 다섯 사람이 나오겠다고 하였다.

그들의 관심을 끌어내기 위한 방안을 고심하였다. 그러다가 그쪽 책임자가 와인에 관심이 많을 뿐 아니라, 특히 '몬다비 리저브Mondavi Reserve'**라는 와인을 좋아한다는 사실을 알게 되었다. 그것은 미국 캘리포니아주 나파밸리에서 생산되는 와인으로, '몬다비Mondavi' 가운데서도 널리 알려진 상급품이며, 가격 또한 보통 것에 비해 다섯 배나 비싸다.

자리를 잡자 마자 모른 체하고 그쪽 책임자에게 와인을 골라 달라고 하였다. 그랬더니 리스트를 펼쳐보지도 않고 곧장 돌려주었다. 그 리스트에는 그가 즐겨 마신다는 '몬다비 리저브'가 있었고, 그보다는 못하지만 몬다비에서 생산되는 다른 와인도 있었다. 그것들도 꽤 알려진 와인이었다. 그 순간 호기심이 발동한 이쪽 책임자가 말을 건넸다.

"저는 몬다비의 와인이 좋던데, 와인 좋아하세요?"

"네, 아주 좋아합니다."

"몬다비 좋아하신다니 말인데, 평소 궁금한 것이 하나 있어요. '몬다비 리저브'와 '보통 몬다비'가 왜 이렇게 가격 차이가 나는지 모르겠어요. 그 맛이 크게 다른가요?"

"그야 '리저브'가 훨씬 더 좋겠지요."

"얼마나 더 좋은데요?"

"좋은 질문이네요. 글쎄…… 얼마나 더 좋을까?"

"그러면 우리 두 가지 와인을 놓고 블라인드 테스팅blind tasting***해 보면 어떨까요?"

그는 재미있는 제안이라며 환영했고, 즉석에서 와인 시음이 벌어졌다. 편의상 먼저 따른 와인을 'A', 나중 것을 'B'라고 부르며 시음을 하였다.

맨 처음 시음한 사람은 그 회사의 와인 동호회 모임을 이끌고 있다는 존이었다. 다들 그의 평가를 주시하는 가운데, 신중하게 'A'와 'B'를 음미한 뒤 'A'가 리저브인 것 같다고 하였다. 다음 시음자도 주저하지 않고 앞의 'A'를 선택했다. 다음은 그쪽 책임자인 찰스의 차례였다. 두 와인의 맛을 한참 비교하던 그는 "나는 중립을 지키겠다"며 선택을 포기하였다. 그 이유인즉 본인의 취향으로는 'B'의 맛이 조금 더 나아서 '리저브'인 것 같은데, 와인 동호회 회장인 존의 의견에 정면 도전할 만큼 'B'가 'A'보다 나은 것은 아니라서 차라리 중립을 지키겠다고 한 것이다. 분위기가 이렇게 돌아가자, 상대방의 두 사람과 우리 쪽 참석자들도 자의든 타의든 'A'를 택하게 되었다. 이쪽 책임자는 이미 그 답을 알고 있었다. 'A'는 '보통 몬다비'였고, 'B'가 '몬다비 리저브'였다.

글 쓰는 사람들의 이야기.

새로 나온 책을 고르기 위해 서점에 자주 간다. 시 · 수필 · 소설 같은 장르나 작가의 이름 따위는 상관하지 않는다. 어디까지나 작품 위주로 고른다. 먼저 서문이나 차례를 살펴본 뒤

본문으로 향한다. 그러다가 마음에 들면 내 것으로 삼는데, 그 작가의 다른 책들을 메모해 놓기도 한다. 뒤에 찾아서 읽기 위한 방법이자 오래된 습관이기도 하다.

책이나 작품에 작가를 소개해 놓은 것을 보게 된다. 독자의 이해를 돕기 위한 것일 테지만, 이력이나 수상 경력 따위를 장황하게 늘어놓은 경우가 있다. 마치 이력서를 보는 것 같아서 거부감을 느끼게 되지만, 그런 사람들일수록 작품의 수준은 기대에 미치지 못한다. 명성은 별 의미가 없다. 그저 떠돌아다니는 말일 뿐이다. 그러니 작가는 오로지 작품으로 말할 일이다.

이전에 어떤 자리에서 명함을 주고받은 적이 있다. 여러 사람들의 명함을 받았는데, 그 가운데서 아주 인상적인 명함을 보았다. 한 저명인사의 것이었다. 거기에는 이름 석 자만 있을 뿐 직함이며 전화번호 따위는 찾아볼 수 없었다. 그런 것들을 나열할 필요가 없는 사람이라는 뜻일까, 아니면 필요할 경우 당신이 알아보라는 뜻일까. 아무튼 신선한 충격으로 다가왔다.

수컷 공작새의 꽁지깃은 크고 화려하다. 쥘부채처럼 접어 놓았던 그것을 펼치는 순간, 당당한 귀족이 된다. 그로 해서 암컷을 유혹하는 데 유리하다. 그러나 생존에는 아무런 도움

이 되지 않는다. (2012)

* 이명우(한양대 특임교수)의 이야기 가운데서 인용.

** 몬다비 리저브Mondavi Reserve; 리저브란 명칭은 이탈리아나 스페인에서 유래한 것으로, 특별히 여러 해 숙성된 와인에만 붙일 수 있었다. 하지만 근래에는 마케팅 경쟁이 심화되면서 제품의 차별화 전략으로 사용되고 있다.

*** 브라인드 테스팅blind tasting; 상표를 보지 않고 맛을 평가하는 방법.

투표하는 날

국회의원을 뽑기 위한 투표 날이다.

투표하고 싶은 마음이 전혀 나지 않았다.

아침밥을 먹고 나서 신문을 마주하고 앉았다. 긴히 해야 할 일이 있는 것도 아닌 터라 느긋하게 살펴보았다. 늘 하던 대로, 맨 뒤쪽부터 읽으면서 메모를 하거나 필요한 자료를 스크랩하였다. 나는 신문을 통해 사람살이에 관한 많은 이야기를 듣고 배운다.

아내가 슬금슬금 내 눈치를 살폈다. 말은 하지 않아도 '투표하러 가야 하지 않느냐'는 뜻이 담겨 있었다. 그러거나 말거나 내 할 일이나 챙기면서 아침나절을 보냈다. 텔레비전에는 투표에 관한 이야기가 계속되고, 거리에는 한 표를 호소하는 현수막이 바람에 펄럭이고 있다.

주변을 돌아보면, 많은 사람들이 투표를 하지 않고 기권한다. 더러는 지지할 만한 후보자가 없다고 말하는 경우가 있는데, 그들의 마음속에는 정치권에 대한 불신이 자리 잡고 있다. 그런가 하면 기권은 정당하지 못하다고 충고하는 사람들도 있다.

정치인들에 대한 불신의 골이 깊다. 날이면 날마다 헐뜯고 싸우는 볼썽사나운 꼴에 넌더리가 난다. 정작 해야 할 일은 뒷전으로 밀쳐놓고, 하지 말아야 할 일에만 몰두하는 사람들이 정치인들이다. 또한 '불로 소득자'라는 말을 생각하면 가장 먼저 떠오르는 사람들, '무노동 무임금'이라는 원칙에도 예외인 사람들이다. 그럼에도 불구하고 고액 연봉과 더불어 많은 특혜를 누리는 사람들이다. 이래저래 미운 짓만 골라서 하는 사람들이 우리네 국회의원이다.

그들은 말문만 열면 "국가와 국민을 위해 봉사하겠다"고 다짐한다. 하지만 입발림에 불과하다. 막상 당선이 되고 나면 있는 둥 마는 둥 임기를 보낸다. 개인은 말할 것도 없고, 정당이란 것도 따지고 보면 당리당략을 위해 모인 한낱 패거리에 지나지 않는다. 패거리를 지어 반대를 위한 반대를 일삼는다. 그들이 내놓는 정책이나 공약은 신뢰성이 없고, 심지어 어떤 정당은 국가의 정체성마저 부인하기를 서슴지 않는다.

반대하는 자유, 그것은 민주주의의 장점이다. 그러나 정연한 논리가 뒷받침되어야 할 뿐 아니라 동기가 순수해야 된다. 그가 내 편이 아니기 때문에, 나의 이해관계가 달렸기 때문에, 그리고 유권자의 시선을 끌기 위한 반대는 순수하지 못하다. 하지만 우리네 정치인들은 논리보다 힘을 앞세우고, 순수하지 못한 경우가 더 많다. 그런가 하면 결과에 승복할 줄 모른다.

한 선배와 점심 약속이 있어서 집을 나섰다.

자리에 앉기가 바쁘게 "투표했느냐"고 물었다.

"투표하는 것이 권리라면, 하지 않는 것도 권리"가 아니냐고 했더니, 말없이 웃었다.

선거에 관한 이야기가 이어졌다. 어떤 나라는 투표를 권리가 아닌 의무로 규정하고, 아울러 벌금까지 부과하고 있다. 그런 나라에서도 정치인은 존경받지 못하는 직업에 속한다. 또한 대의정치의 역사가 가장 오래된 나라에서도 국회의원은 존경받지 못하는 직업에서 벗어나 본 적이 없다. 그럼에도 불구하고 투표율은 우리네보다 높다.

내 생각은 조금 다르다. 내가 투표하지 않는다고 해서 당락이 뒤바뀔 리 없다. 여당이고 야당이고, 될 사람은 되고 안 될 사람은 안 될 것이다. 또한 이 사람 저 사람 살펴보아도 누구 하나 믿을 만한 후보가 없다. 다들 제 딴에는 잘난 체하지만, 위선과 가식의 탈을 쓴 사람들이다. 국가와 국민 따위는 안중에도 없고, 오로지 젯밥에만 마음이 가 있는 사람들이기도 하다. 그뿐이랴. 당선이 되고 나면, 그날부터 우리네 민서들과는 거리가 먼 딴 세상 사람들이다.

그 선배는 헤어지면서 의미 있는 한마디를 덧붙였다.

"이번 선거는 정당별 정책이나 공약이 별반 다를 게 없다. 또한 최선의 후보자가 별로 눈에 띄지도 않는다. 그러나 최선만을 고집할 것이 아니라 때로는 차선을 선택할 줄도 알아야 한다. 그것이 세상 살아가는 지혜기도 하고. 물론 최선이 좋지만, 차선도 그리 나쁘지 않다. 그러니 이제라도 투표하는 것이 좋지 않겠는가?"

그 말을 곱씹으며 천천히 걸었다. 혼란스러웠다. 마음을 바꾸기가 쉽지 않았다. 그러다가 '국가의 정체성마저 부정하는 무리들이 다수당이 된다면, 그 혼란을 어떻게 감당할 것인가.' 하는 데 생각이 미쳤다. 그와 함께 '투표를 해서 좋은 정치를 만들지는 못해도, 나쁜 정치를 몰아내는 데 보탬이 될 수 있지 않을까.' 하는 막연한 기대감도 일었다.

해 질 무렵 투표소로 향했다. '제발 볼썽사나운 짓거리나 하지 말았으면……' 하는 마음으로 한 표의 권리를 행사하였다.

이제 남은 것은 그들을 지켜보는 일이다. 물론 내가 민 후보이든 아니든 결과에 승복하겠지만. 내가 살고 있는 지역의 당선자가 자기의 공약을 실천하기 위해 얼마나 애쓰는지, 자기에게 주어진 힘을 어디에다 쓰는지 지켜보는 일. 그건 권리이자 의무이기도 하다. (2012)

스스로 묻고 답하며

전화 소리가 아침나절의 고요를 깨뜨렸다.

"머리도 식힐 겸 나와서 점심이나 먹지 그래."

하던 일을 밀쳐놓고 서둘러 밖으로 나섰다. 빈자리가 많은 찻집에 앉아서 그동안 묻어 두었던 이야기를 주거니 받거니 했다. 그는 책을 많이 읽는다. 그 가운데서도 역사서며 철학서 같은 인문 고전에 관한 책들을 폭 넓게 읽는다. 그만큼 화제가 풍부하다. 또한 토론을 즐겨서 이따금 만나면 시간 가는 줄 모르고, 때로는 신랄한 지적과 비평도 삼가지 않는다. 오늘도 그랬다. 이야기가 꽤 길어졌고, 중심 화두는 철학이었다.

벼는 익을수록 고개를 숙인다고 하였다. 그러나 안타깝게도 우리네 실상은 그렇지가 못하다. 빈 깡통이 요란하다고,

잘난 체하는 사람들이 자기네끼리 들이받고 싸우느라 시끌벅적하다. 심지어 종교계 지도자들마저 세속적인 욕망에 사로잡혀 추한 모습을 보이기 일쑤이다. 그들의 비뚤어진 생각과 거친 언행이 사람살이를 고단하고 짜증스럽게 만든다. 그러나 속이 찬 사람을 만나 이야기를 나누다 보면 사는 게 즐겁다.

얼마 전 한 노스님을 만났다.

"스님은 깨달으셨습니까?"

"나는 턱도 없어요. 깨달은 사람은 언행일치가 돼야 하지요."

"종교가 사회를 감싸지 못하고, 사회가 종교를 걱정하는 시대가 되었지요?"

"모든 게 욕심 때문이지요. 종교가 더욱 가난해져야 합니다."

"날마다 부딪히고 상처 받습니다. 어떻게 해야 합니까?"

"미워하고 원망하는 마음보다 안타깝게 여기고 연민하세요."

사랑보다 중요한 것이 연민이라고 하였다. 한 가닥 생각이 스쳐 지나갔다. 남을 돌아보기에 앞서 나 자신부터 살펴볼 일이다. 이따금 문학이라는 데 매달리고 있는 나 자신이 딱하게 느껴지기도 한다. 그러다가도 원수를 사랑하는 것은 거룩한 성인의 몫일지 몰라도 상처 받는 사람들의 가슴을 덥혀 줄 수 있는 글 한 편이라도 쓰는 게 내 몫이 아니겠는가, 생각하면 어린아이처럼 마음이 설렌다.

문학은 다른 예술과 달리 스스로를 채찍질하는 일종의 반성적 예술이다. 이를 두고 철학성이라 해도 좋을 것이다. 그로 해서 많은 사람들이 무거운 작품을 피하거나 싫어하는 경향이 있고, 심지어 지식인이라 자부하는 사람들마저 그런 작품을 외면하기 일쑤이다. 선진국에서는 높은 교양의 중심에 자리 잡은 문학이, 이 땅의 지식인들에게는 자신과 아무 상관없는 한가한 이야기로 들릴 뿐이다. 그러니 고독을 벗삼아 생각에 몰두하거나, 쓰고 고치기를 밥 먹듯이 해야 하는 작가라는 사람들을 어찌 이해할 수 있으랴.

문학은 혼자서 사유하고 즐기는 예술이다. 그것은 혼자서 먼 길을 가는 것 같은 고독한 여행이기도 하다. 책을 많이 읽어야 하고, 낱말 하나 문장 한 줄을 고르느라 심한 몸살을 앓아야 한다. 그래서 글쓰기가 고통일 수도 있지만, 작가에게 있어서 그것은 견뎌내야 하는 실존이기도 하다. 그리하여 책 속에서 사람살이의 지혜를 터득하고, 마음에 드는 글 한 편을 얻을 수 있다면, 그 무엇과도 바꿀 수 없는 희열을 느끼게 된다.

작가는 오로지 작품으로 말해야 한다. 또한 그것을 통해 독자와 소통해야 한다. 그래서 많은 작가들이 더 좋은 작품을 쓰기 위해 고뇌하고, 자신이 활동하고 있는 장르를 중심으로 창작에 몰두한다. 그러나 여러 장르에 걸쳐 다양한 작품을 쓰는 작가들도 있어서 그들의 문학적 재능이 부럽다. 하지만 나로서는 누가 알아주든 말든 기교나 군더더기 없는 문체로 담박한 글을 써 보려고 애쓸 따름이다.

각설하고, 이 고단한 시대를 살아가는 내게 있어서 문학은 무엇인가?

남아도는 시간을 소진하기 위한 심심파적인가, 글재주를 과시하기 위한 허명놀이인가, 경제적 이익을 얻기 위한 수단인가, 사회적 영달을 위한 경력 쌓기인가. 그도 저도 아니면 나 자신의 삶을 아름답고 넉넉하게 가꾸기 위한 열정인가, 스스로 묻고 답하기를 거듭해 본다. (2011, 대구문학 제92호)

아직은

세상 모든 일에는 때가 있다. 씨를 뿌려야 할 때가 있고, 거두어 들여야 할 때가 있다. 나아가야 할 때가 있으면, 물러서야 할 때도 있다. 뜻하지 않게 다툴 때가 있고, 화해해야 할 때도 있다. 그리고 배워야 할 때가 있는가 하면, 땀 흘리며 일해야 할 때가 있다.

나이가 들면 밥벌이를 해야 한다. 일하지 않으면 먹지도 말라는 말이 있지만, 자신은 물론 가족을 위해 힘써 일해야 한다. 때로는 고된 일이나 험한 일도 참고 견디어야 한다. 농사를 짓는 사람, 장사를 하는 사람, 기업을 하는 사람, 학문을 하는 사람……. 그렇게 열심히 일하다 보면 연륜이 쌓이고, 그에 걸맞은 사회적 지위나 품격이 더해진다. 삶의 보람을 느끼게 된다.

세월은 기다려 주지 않는다. 살 같은 세월, 어느 날 우연히 희끗희끗해진 머리카락을 발견하고 놀라게 된다. 세상사에 부대끼느라 잊어버렸던 자신의 모습을 돌아보게 된다. 그런가 하면 남의 일처럼 무심하게 여겼던 은퇴라는 고비와 맞닥뜨리게 되면 밤잠을 설쳐가며 고민하게 된다. 그동안 얻은 것은 무엇이며, 잃은 것은 또 무엇인가 되돌아보기도 한다.

나라고 해서 예외일 수 없는 일, 이미 오래 전에 자리에서 물러났다. 먹고산다는 일로부터 벗어나니 홀가분해서 좋았다. 그러나 직장이 없으니 가야 할 데가 없고, 또한 주체할 수 없는 시간을 어떻게 보내야 할는지 걱정스러웠다. 그리고 수입이 없을 뿐 아니라, 따로 마련해 둔 여윳돈마저 없어서 호주머니가 허전했다. 갈등에 시달리거나 짜증을 부리는 경우도 없지 않았다.

한동안의 생각 끝에 조그만 작업실을 마련하였다. 주변에서는 뚜렷하게 할 일도 없으면서 어쩌려고 방을 마련했느냐며 걱정했다. 그러나 우선 일을 벌여놓고 보자는 심산이었다. 약간의 책들과 컴퓨터를 들여놓고 읽기와 쓰기에 몰두하였다. 마침내 그것은 내 삶의 소중한 일부가 되었고, 거기서 얻은 것들을 묶어 책으로 펴내기도 하였다.

또한 대학교의 어학원에 등록하였다. 외국어는 어느 정도 자신이 있던 터라 남아도는 시간을 활용해서 공부를 더 해 볼 생각이었다. 그 같은 공부가 무척 재미있었다. 젊은 학생들과 만나면서 새로운 대화 상대가 생겼고, 외국인 강사와도 스스럼없이 어울릴 수 있게 되었다. 거기다 청바지와 티셔츠 차림으로 나다니는 파격을 체험하면서 한층 젊어진 것 같아 자신감이 생겼다. 주변에서는 어느 날 갑자기 달라진 내 모습을 보고 놀라워하였다.

나이 자랑을 하는 사람들이 있는데, 그건 쓸데없는 짓이다. 그보다는 생각의 틀을 바꾸는 게 낫다. 생각을 바꾸면 행동이 달라지고, 행동이 달라지면 운명이 바뀐다고 하였다. 지난날 자신의 이력이나 지위 따위는 아예 잊어버리고 과감하게 변신을 시도하는 것이 좋다. 새로운 사람들을 사귀고, 찻값이나 밥값을 선뜻 내놓기도 하며, 옷이나 외모 또한 젊게 가꾸는 게 좋다. 그와 함께 건강관리에도 신경을 많이 써야 한다.

나이가 들면 저절로 움츠려 들고, 허망한 생각마저 들게 마련이다.

아름다운 것을 보고도 감격하지 않는다. 슬픈 것을 보고도 눈물을 흘리지 않고, 불의를 보고도 분노하지 않으며, 귀한 것을 보고도 탐내지 않는다. 매사가 심드렁해진다. 또한 스스로 뒷방 늙은이처럼 처신하는 사람들도 있는데, 어리석다 하지 않을 수 없다. 예전엔 못사는 사람들을 하층민이라 했지만, 요즘은 자기 나이보다 늙어 보이는 사람을 하층민이라 한다.*

나이가 들면 욕망에서 벗어날 수 있어서 좋다. 또한 지혜가 쌓이고 경험의 폭이 넓어져 삶이 자유로워진다. 그와 함께 인간으로서의 위엄이나 품격을 생각하며 삶을 관조할 수 있는 여유가 생긴다. 그로 해서 조금은 더 행복해질 수 있다.

나는 고전을 즐겨 읽는데, 그것들이 내 삶을 넉넉하게 해준다.

헤밍웨이의 소설 『노인과 바다The old man and The sea』는 널리 알려진 고전이다. 그의 후기 대표작이자 1954년 노벨문학상 수상작이다. 부담 없는 길이와 쉬운 문체로 해서 마치 한 편의 서사시 같다는 생각을 하게 되는 작품이기도 하다.

그 소설의 귀결만 보면, 헤밍웨이의 허무주의 사상과 맥락을 같이하는 작품처럼 느껴진다. 하지만 거대한 물고기와 인간의 끈질긴 대결에서 작가가 강조하는 것은 승부 그 자체가 아니라, 누가 최후까지 위엄 있게 싸우느냐에 있다.

망망대해에서 인간과 물고기가 벌이는 비장한 싸움에서 승리나 패배라는 것이 있을 수 없다. 오직 누가 끝까지 비굴

하지 않게 숭고한 용기와 인내로 싸우느냐가 중요하다. 물고기의 몸에 작살을 꽂고 밧줄을 거머쥔 채 물고기가 수면 위로 떠오르기를 기다리는 노인, 작살에서 벗어나기 위해 몸부림치는 거대한 물고기, 이 같은 노인과 물고기의 팽팽한 대결은 서로가 목숨을 내놓고 싸우는 싸움이다. 노인은 스스로 곤경에 몰리면서도 살기 위해 필사적으로 투쟁하는 적에게 사랑과 동지애를 느끼며 외친다.

"아, 나의 형제여. 나는 이제껏 너보다 아름답고, 침착하고, 고귀한 물고기를 본 적이 없다. 자, 나를 죽여도 좋다. 누가 누구를 죽이든 이제 나는 상관없다."

'백수가 과로사 한다'는 우스갯소리가 있지만, 요즈음 나의 일상은 꽤 분주하다. 연재하는 글로 해서 신문사에 드나들고, 내 이름으로 방영되는 텔레비전 프로그램도 있다. 또한 여기저기 강의를 다니기도 한다. 그에 따른 자료를 얻기 위해 답사나 촬영을 다니고, 때로는 도서관에서 문헌을 열람하기도 한다. 그와 함께 겉모습을 화사하게 가꾸고, 체력 관리에도 신경을 쓰고 있다.

눈을 뜨면 살아 있다는 사실만으로도 행복하다. 날이 밝으면 나와서 문을 열어야 할 작업실이 있고, 오라는 데가 있으며, 만나야 할 사람들도 있다. 그래서 내게 주어지는 나날에 감사하며 열정을 쏟아 창작활동에 몰두하고 있다. 비록 인생 시계가 오후 9시를 향해 치닫고 있지만, 아직은 여유와 낭만을 즐기며 활기차게 살고 싶다. (2012)

* 미국의 미래학자 페이스 팝콘이 『미래 생활 사전』이란 책에서 한 말이다.

事

허허재 일기초

– 2012, 壬辰年

– 1월 1일 일요일 · 흐린 뒤에 눈

선배와 지인들에게 덕담을 곁들인 새해 인사를 나누었다. 연세 높은 분들께는 연하장을 보냈고, 허물없이 지내는 사람들에게는 문자 메시지나 전화를 이용했다. '세상을 향해 큰 날개 펼치는 한 해가 되라'고 하였다. 나 또한 그렇게 살고 싶다.

집에서 '노자철학'을 읽었다. 그동안 노자에 관해 더러 읽었으나 이번에 펴낸 책은 어려웠다. 거듭해서 읽어야 할 것 같다. 지난해 세모에 친구인 임수무 교수가 『모종삼牟宗三, 1909~1995 교수의 노자철학 강의』라는 번역서를 펴내고, 나에게도 한 권을 보내 주었다. 그는 중국에 유학하여 노자철학을 전공

했는데, 모종삼 교수로부터 많은 것을 배웠다.

또한 신문에 발표된 신춘문예 당선 작품을 읽었다. 이 고단한 시대에도 문학에 기대어 자신의 삶을 개척하려는 열정이 뜨겁게 느껴졌다. 어느 당선자는 '희망이 없으면 자신이 희망을 만들어야 한다. 세계가 어두우면 자신이 태양으로 빛나야 한다'는 말로 당찬 포부를 밝혔다. 또 다른 당선자는 '새로 쓰는 글이 이전 것보다는 조금이라도 깊어지고 나아진 결과물이기를 바란다'고 하였다. 그동안 느슨해진 나에게 자극제가 되는 말이기도 하다.

– 1월 7일 토요일 · 맑음

들어앉아서 새로 나온 책을 읽었다. 차동엽이 쓴 『잊혀진 질문』이라는 책으로, 제목 속에는 잊혀져 있지만 다시 발굴되게끔 되어 있다는 의미가 있다. 또한 잊으려 해도 잊히지 않고, 묻으려 해도 묻히지 않는 질문이라는 뜻이 담겨 있다. 저자는 가톨릭 사제지만, 대중 작가이자 강연가로 활동하고 있는 특별한 이력을 지니고 있다. 그 가운데서 기억에 남는, 또는 기억해 두어야 할 소중한 이야기를 옮겨 적는다.

– 계곡이 깊어야 산이 높듯이 깊은 고통에서 절망하지 않고 일어서서 버티고, 창조하고, 노력하는 사람만이 신의 보다 큰 영광

을 누릴 수 있다.

– 슬퍼지면 소리 내어 웃자. 기분 나쁘면 곱빼기로 일하자. 두려우면 문제 속으로 뛰어들자. 열등감을 느끼면 새 옷을 갈아입자. 불안하면 고함을 두세 번 지르자. 무능을 느끼면 지난날의 성공을 되새기자. 나 자신이 보잘것없이 느껴지면 내 평생의 목적을 기억하자.

– 무슨 일을 하든지 그 자체를 즐겨라. 자기가 사랑하는 일을 하고, 일을 위하여 일하라. 그러면 나머지 것들은 저절로 따라올 것이다.

– 학문이라는 것은 고색창연한 문화유산과 같다. 장구한 역사 속에서 벽돌이 한 장 한 장 쌓여 건물이 된 것이다. 세월의 풍상을 겪으면서 지혜가 배어들고 이끼도 끼고 하여 거대한 문화가 창출되는 것이다. 예컨대 철학이라는 것, 종교라는 것, 신학이라는 것들은 책 몇 권 읽고 그렇게 쉽게 얘기할 수 있을 만큼 간단한 것들이 아니다

– 세상에 틀린 기도는 없다. 다 나름대로 맞는 기도이다. 다만 수준이 낮은 기도와 수준이 높은 기도의 차이가 있을 뿐이다. … 아구르라는 현자의 기도가 있다. 그는 소박한 기도를 바쳤다. "저에게는 당신께 간청할 일이 두 가지 있습니다. 그것을 제 생전에 이루어 주십시오. 허황된 거짓말을 하지 않게 해주십시오. 가난하게도, 부유하게도 마십시오. 먹고 살 만큼 주십시오.

배가 불러 '야훼가 다 뭐냐?' 하며 배은망덕하지 않게, 너무 가난한 탓에 도둑질을 하여 하느님의 이름에 욕을 돌리지 않게 해주십시오."

– "여러분, 이 세상에서 가장 무서운 사람이 누구인 줄 아십니까? 딱 책 한 권 읽고서 뭘 주장하는 사람입니다"

– 인간이 추구하는 가치에는 행복 · 기쁨 · 평화 등의 '목적가치'와 이 목적가치를 이루는 데 도움이 되는 부귀 · 권세 · 명예 등의 '수단가치'가 있다. 우리가 궁극적으로 원하는 것은 목적가치이다.

– 과학은 자연법, 종교는 영원법을 다룬다. 그런데 둘은 양자택일의 대상이 아니다. 우리(가톨릭)는 영원법 안에 자연법이 있다고 본다. 창조론 안에 진화론이 있다고 본다. …진화론은 인간이 어떤 과정을 통해 생성되었는지는 설명할 수 있어도 태초에 창조주가 있었는가 없었는가에 대해서는 답할 수 없다. 왜냐하면 세속 사물이나 신앙의 내용은 다 함께 하느님 안에 그 근거를 두고 있기 때문이다. …신앙에 바탕을 둔 종교와 합리성에 입각한 과학은 서로 보완적 관계를 가질 수 있다. 둘 다 진리라면 서로 일치하게 되어 있다.

– 꿈은 스스로 포기하지 않는 한 반드시 이루어진다. 다만 전제조건이 하나 있는데, '시간이라는 변수 안에서.' 그러므로 꿈을 이루는 가장 큰 인자는 버티기이다. 시인 롱펠로는 이렇게 말

했다. "잠긴 문이 한 번 두드려 열리지 않는다고 돌아서서는 안 된다. 오랜 시간 큰 소리로 문을 두드려 보라. 누군가 단잠에서 깨어나 열어줄 것이다."

– 1월 16일 월요일 · 흐림

새해 들어 처음으로 글 한 편을 엮었다. '해질녘, 그 아름다운 침묵'이라는 제목을 붙였다.

나는 해 질 무렵 풍경을 좋아한다. 어릴 적 외가에 갔다가 어둑어둑한 땅거미를 밟으며 돌아오던 기억이 아련하다. 나지막한 초가의 굴뚝에서 희뿌옇게 피어오르던 밥 짓는 연기며, 서쪽 하늘을 붉게 물들이던 해 질 무렵 풍경이 신비로웠다. 지금도 눈에 드는 사물의 윤곽이 아스라해지기 시작할 무렵이면 왠지 모르게 마음이 차분하게 가라앉는다.

아침이 있으면 저녁이 있듯이, 인생에도 청춘이 있으면 노년이 있게 마련이다. 아침나절을 청년에 비한다면, 해질녘은 노년으로 보아도 좋을 것이다. 인생의 노년은 오래된 측백나무 같은 향기가 난다.

무릇 생명을 가진 존재는 나이를 먹는다. 사람도 예외가 아니다. 흔히들 청춘이 가는 것, 나이 드는 것, 늙는 것을 서러워한다. 그러나 지나간 세월을 돌이킬 수 없는 것처럼 가는 세월을 붙잡을 수는 없다. 그렇다고 해서 나이 드는 것을 안타깝게 생각할 필요도 없다. 정작 우리가 안타깝게 생각해야 할 것은 스스로 자신의 가치를 떨어뜨리는 것이다.

바쁘게 살면 늙을 시간이 없다. 나이 든 사람들이 자기 나름의 할 일을 찾아서 부지런하게 활동하는 모습을 본다. 새벽같이 일어나 이 골목 저 골목 다니면서 재활용품을 주워 모으는 사람, 교통이 복잡한 거리에 나와서 아이들의 등하교 길을 돕는 사람, 자신이 가진 재능을 나누어 주는 사람들……. 그들은 무엇인가 의미 있는 일을 하며 살아간다. 나는 그들을 바라보면서 삶과 나이에 대해 다시 한 번 생각하게 된다.

나이 들어도 아름다운 모습으로 살고 싶다.

사람살이의 궁극적인 목적은 아름다운 삶을 향한 여정이다. 사람의 한살이가 결코 수월한 일이 아니지만, 시련과 고난 가운데서도 기쁨과 즐거움을 누리며 살아가는 사람들이 있다. 의미 있는 삶을 추구하고, 보람 있는 삶을 꿈꾸는 사람들이다. 그런 사람들 곁에 있으면 절로 나 자신을 돌아보게 된다. 또한 내 삶의 마지막 악장은 보다 아름답게 끝내고 싶어진다.

– 1월 17일 화요일 · 흐림

아주 오래된 영화 '마부'를 보았다. 1961년에 제작된 흑백영화로 강대진 감독의 작품이다. 전형적인 가족 멜로드라마라 할 수 있는데, 이 땅의 하층민들이 겪었던 고통과 좌절을 그리고 있다.

줄거리는 간추리자면 이렇다. 짐수레를 끄는 홀아비 마부 춘삼(김승호)은 큰아들 수업(신영균)을 비롯한 네 자녀와 함께 힘겨운 삶을 산다. 그들은 마부라는 아버지의 직업으로 해서 푸대접을 받으면서도 고시를 준비하고 있는 큰아들의 합격에 희망을 걸고 살아간다. 그리고 마주(주선태)의 집에서 식모살이를 하는 수원댁(황정순)은 마부인 춘삼을 물심양면으로 도와주는데, 두 사람 사이에는 애틋한 감정이 오간다. 고진감래라고, 마침내 큰아들인 수업이 고시에 합격하자 춘삼과 수원댁은 혼인을 약속하고, 희망에 찬 모습으로 가족이 함께 눈 내리는 거리를 걸어간다.

그 시절 이름을 떨치던 김승호 · 황정순 · 주선태 · 신영균 · 엄앵란 · 조미령 · 황해 같은 연기자들을 다시 볼 수 있고, 근대화 과정의 우리네 사회상을 되돌아볼 수 있으며, 1961년 베를린영화제 '은곰상'을 받은 괜찮은 영화다.

– 1월 20일 금요일 · 흐림

오래된 영화 '장군의 수염'을 다시 보았다. 1968년에 제작된

컬러영화인데, 이성구 감독의 작품이다. 당시 필명을 날리던 문학평론가 이어령의 소설을 소설가 김승옥이 각색했고, '한국 모더니즘 영화의 걸작'이라는 평가를 받았다.

줄거리는, 어느 날 사진기자 김철훈(신성일)이 의문의 죽음이라는 사건이 일어났다. 노회한 박 형사(김승호)와 젊고 지적인 형사(김성옥)은 김철훈의 주변 인물을 상대로 탐문 수사를 계속한다. 그런 가운데 김철훈의 편지를 받았던 소설가 한정우를 만나서, 김철훈이 쓴 소설 '장군의 수염'에 관하여 이야기를 듣는다. 그 내용은, 조국을 해방시킨 위대한 장군은 수염을 길렀다. 그래서 다들 장군처럼 수염을 기르지만, 주인공만은 이에 동조하지 않고 외톨이가 된다는 것이었다. 그런가 하면 김철훈은 낭만적인 사람이지만, 현실에 적응하지 못하는 사람이라고 하였다. 그리고 김철훈을 좋아했던 신혜(윤정희)는 그 같은 성격의 김철훈에게 지쳐서 떠나고 만다. 죽음은 그 뒤에 일어난 사건이다. 경찰은 수사를 종결하고 김철훈의 죽음을 자살로 결론 내린다.

미스터리 구성을 통해 현대인들의 고독과 소외라는 관념적 주제를 다루고 있다. 또한 주인공의 죽음을 먼저 제시하고, 주변의 원인을 분석하며 이야기를 풀어 나가는데, 김승호의 연기가 돋보인다. 그와 함께 젊은 날의 신성일과 윤정희의 모습을 볼 수 있을 뿐 아니라 연출 또한 수준급이다. 괜찮은 영화라는 생각이 들었다.

– 1월 27일 금요일 · 맑음

서점에 나갔다가 새로 나온 『오늘 내가 살아갈 이유』를 손에 넣었다. 중국의 위지안于娟이 쓰고, 이현아가 우리말로 옮겼다. 저자는 1979년생으로 상하이의 푸단대학교에서 교수로 재직하였다. 그러다가 2009년 갑작스럽게 암 판정을 받았고, 힘겨운 투병생활을 하다가 2011년 서른둘의 짧은 나이로 이승을 떠났다. 이 책은 그녀가 생의 마지막 5개월 동안 두려움에 떨면서도, 자신의 과거와 현재를 돌아보며 깨달은 것들을 순수한 마음으로 쓴 글이다. 또한 한 인간이 죽음을 앞두고 인생의 참다운 가치와 소박한 행복을 고백한 이야기다. 내내 찡한 감정으로 읽었고, 오늘 내가 살아갈 이유를 가르쳐주는 소중한 이야기를 간추려 적는다.

– 불치병에 걸려 '언제 신이 내 목숨을 거둬 가실까' 전전긍긍하는 이들 가운데 '내 손으로 내 마음을 쓰는 사치'를 부릴 수 있는 사람은 거의 없을 것이다. 사실 내가 이 글을 쓰는 진짜 이유는, 사람들에게 '그 어떤 고통도 모두 지나간다.'는 말을 꼭 해주고 싶어서다. 설령 불치병이라도 모두 다 흘러가는 구름이다.

– "조금 아까 침대에 눕는 걸 보고 제가 경고했죠. '보호자가 환자 침대에 눕는 것은 규정 위반'이라고요. 그랬더니 이렇게 대답하시더군요. '집사람이 유난히 추위를 타기 때문에 내 체온으로 미리 덮여 놓아야 한다.'고요." 그렇게 구박을 받아가면서도 내 자리에 누워 있던 남편, 그의 마음을 나는 알지 못했던 것이다. 거의 매일, 그런 따뜻한 마음을 받으면서도 어떻게 모를 수가 있었을까.

– 운명이라는 것이 작별 인사를 나눌 틈조차 주지 않을 만큼 박정하다면, 지금 급히 만나야 할 얼굴 하나가 있다. 나는 울면서 남편에게 애원하기 시작했다. "아기 데려다 줘. 보고 싶어. 우리 아기……."

– 삶은 강철 같은 의지만으로 이뤄지는 게 아니라는 것을. 아울러 새들의 날갯짓만으로도 춤출 수 있는 갈대의 부드러움도 꼭 필요하다는 것을. 사랑은 나중에 하는 것이 아니라, 지금 하는 것. 살아 있는 지금 이 순간에.

– 한평생 서로 의지하는 사랑도 있고, 단순히 사랑만을 위한 사랑도 있으며, 그저 외로움을 달래기 위한 사랑도 있다. 그동안 우리의 사랑은 뜨겁지도 차갑지도 않았으며, 끊기 어려울 정도로 깊지도 않았다. 그동안의 세월을 돌아보면, 두 사람이 만나 같이 생활하며 일종의 술을 빚어온 것이 아닌가 하는 생각이 든다. 강렬하고 감미롭지는 않지만 은은한 향이 그윽한 술. 우

리의 사랑을 비유하자면 그런 느낌이다.

– "그냥 살아만 주면 돼. 살아서 내 곁에 있어 주면. 그리고 우리 아이의 엄마로 있어 주면. 나는 그 이상으로 당신에게 바라는 게 없어. 가슴이 있건, 평생 휠체어에 있거나 침대에 누워 있건, 그저 지금처럼 나랑 웃으면서 이야기할 수 있으면 좋겠어. 그러면 난 적어도 마음을 어디에 둬야 할지 알 수 있을 거야. 매일 안심하고 잠들 수 있을 거고, 그럴 수만 있다면 뭐든 상관 없어."

– "아, 누군가와 대화를 나눌 수 있다는 건 얼마나 아름답고 행복한 기회인가."

– "개인이 꿈꾸는 이상과 사회적 가치가 하나로 합쳐지는, 그런 일을 해서 성공을 거둔다면 얼마나 행복할까요? 그렇게 소원을 이룬다면 더 이상 바랄 게 없을 것 같아요. ……오로지 자기밖에 모르는 삶을 살았다면, 언젠가 삶의 끝에 이르렀을 때 '좀 더 가치 있는 삶'을 살지 못했음을 후회하게 될 것이다.

– 추억이란 게 그렇게 소중한지 이제야 알 것 같다. 인생의 어느 지점에 서게 되면 누구나 아껴둔 식량처럼 추억의 보따리를 풀어 하나씩 하나씩 음미하게 된다. 그런 음미를 재해석하고 삶의 또 다른 지혜를 얻는 것이다.

– 불안과 두려움을 근본적으로 해소할 수는 없지만, 때로는 머리를 똑바로 쳐들고 당당히 맞서면, 생각했던 것처럼 위협적이

지는 않다.

– 세상에 혼자뿐이라는 생각이 든다면, 기억을 떠올려 보라. 많은 손길이 눈물을 닦아 줄 것이다. 더 많은 눈들이 슬픔 아닌 다른 것을 보여 줄 것이다.

– 삶이란 끝없이 길을 재촉하는 마부와 같은 모양이다. 출발점에서 종점까지, 탄생에서 죽음까지 우리의 등에 짐을 잔뜩 지우고는 쉴 새 없이 채찍질을 하며 길을 가게 만든다. 그 바쁜 와중에도 우리는 같은 길을 가는 인연을 만나 어깨동무를 하기도 한다.

– 이제는 죽음에 대한 두려움보다 헤어짐에 대한 안타까움이 더 커진 것 같다. 아빠와 엄마, 남편과 아이, 그리고 시어머니. 그들이 나누어 짊어지게 될 슬픔의 무게를 생각만 해도 가슴이 아려 온다. 그들이 감당해야 할 슬픔을 조금이라도 가볍게 해 주려면 마지막 순가까지 의연하게, 그리고 즐겁게 살아야 한다고 마음을 굳게 먹는다.

– 1월 31일 화요일 · 맑음

DVD베네치아의 라 페니체 극장 영상물로 오페라 '라 트라비아타La Traviata'를 보았다.

베르디Verdi, 1813~1901의 작품으로, 화려했던 루이 14세 시절의 이야기인데, 사교계의 꽃 비올레타와 귀족 청년 알프레도의 비극적인 사랑 이야기를 담고 있다. 하지만 그렇게 단순하게만 볼 것이 아니라 체제와 관습으로부터 배척받는 소수 계층을 그린 작품으로 보는 게 더 좋을 성싶다.

'라 트라비아타La Traviata'는 오페라의 표제이고, 알렉산드르 뒤마 피스의 원작 제목은 '동백꽃 부인'이다. 하지만 베르디는 이태리어로 '버려진 여인'이라는 뜻을 지닌 지금의 제목으로 고쳐서 오페라로 만들었다. 그런가 하면 우리나라 사람들에게 가장 친숙한 작품이다. 한국 최초로 공연된 작품이며, 베르디의 작품 가운데서 가장 많이 무대에 올려진 작품이기도 하다.

제1막은 파리에 있는 비올레타의 화려한 살롱.

뭇 남자들의 주목을 끌고 있는 파리 사교계의 꽃 비올레타 발레리(소프라노, 파트리차 초피)의 집에서 화려한 파티가 열리고 있다. 그녀를 둘러싼 남자들 가운데 한 사람인 가스토네 자작(테너, 살바토레 코르델라)이 오래 전부터 비올레타를 흠모해 온 프로방스 지방 대지주의 아들인 알푸레도 제르몽(테너, 로베르토 사카)을 소개한다. 알푸레도는 그녀를 위하여 건배의 노래 '벗이여, 밤새워 마시자'를 노래하며 사랑을 노래한다. 또한 '추억의 그날부터'라고 노래하며 뜨거운 사랑을 고백한다. 손님들이 돌아간 뒤 혼자 남은 비올레타는 그의 순수한 고백에 지금까지 느껴보지 못했던 참된 사랑을 깨닫고, '아, 그 사람인가 ……

꽃에서 꽃으로'를 노래한다.

제2막은 파리 교외, 플로라의 살롱.

두 사람은 사랑으로 충만한 나날을 보낸다. 생활비는 비올레타의 귀중품을 팔아서 꾸려간다. 사냥에서 돌아온 알프레도는 그녀와의 사랑에 취한 기분으로 '타오르는 마음을' 노래하지만, 하녀 안니나(소프라노, 엘리자베스 마르토라나)로부터 비올레타의 재산을 처분하기 위해 파리에 다녀왔다는 이야기를 듣고 자기의 잘못을 깨닫고 부끄러워한다. 그때 알프레도의 아버지(바리톤, 드미트리 흐보로스토프스키)가 찾아와 아들을 유혹했다며 꾸짖는다. 그리고 알프레도의 여동생 혼담이 오가고 있는 이때, 자기 일가의 명예에 흠이 된다며 아들과의 관계를 끊어 달라고 말하며 '천사 같은 청순한 딸이'를 노래한다. 그 말에 공감한 비올레타는 알프레도를 단념하기로 마음을 정리한다.

제3막은 비올레타의 초라한 침실.

많은 사람들 앞에서 사랑하는 사람으로부터 모욕당하고, 의지할 곳을 잃은 비올레타는 폐병이 심해 자리에 누워 있다. 병문안을 온 옛 친구 그랑빌 의사가 돌아간 뒤, 얼마 전 제르몽이 보낸 편지를 다시 꺼내 읽는다. 그러나 지금의 그녀에게는 그 편지가 한갓 위로의 말에 지나지 않는다. 비올레타는 "이제는 늦었어" 하고 중얼거리며 '안녕히, 지난날의 행복한 꿈이여'를 노래한다. 그때 갑자기 알프레도가 들이닥친다. 비올레타는 알프레도의 팔에 안겨 병이 완쾌되는 날을 그리며 '조용한 고장에서 즐거운 집을 마련합시다'와 2중창 '이제 파리를 떠납시다'를 부르지만, 죽음이 가까웠음을 깨닫는다. 마침내 비올레타는 "아, 나의 짧은 목숨도 끝난다"고 중얼거리며 무너지듯 쓰러져 숨을 거둔다.

이 오페라는 여주인공 한 사람의 역량에 의존하는 '프리 마돈나 오페라'라 할 수 있다. 주인공은 오페라의 처음부터 끝까지 무대를 떠나지 않고 노래해야 할 뿐 아니라, 화려한 분위기에서부터 시작하여 강인한 부분을 거쳐 처절한 비탄의 흐느낌까지를 모두 연기해야 하기 때문이다. 많은 가수들이 주인공의 배역에 욕심을 내지만, 기교와 파워뿐 아니라 카리스마와 가냘픔을 두루 갖춘 소프라노가 그리 흔치 않다. 그런 차원에서 파트리차 초피의 탁월한 가창력과 연기가 돋보였고, 로린 마젤Lorin Maazel이 이끈 오케스트라와 로버트 카슨Robert Carsen의 연출 또한 뛰어났다.

– 2월 5일 일요일 · 맑음

박완서朴婉緖, 1931~2011의 마지막 소설집 『기나긴 하루』와 더불어 하루를 보냈다. 그의 단편 세 편과 주변에서 추천한 작품

두어 편을 함께 묶은 책이다. 그는 생전에 100여 편의 중단편 소설을 발표하였다. 그의 소설이 지닌 특징은 서술이 평이하고 정확하며 긴박하게 결말로 달려간다. 그와 함께 1950년대에서 1970년대를 거쳐 1980년대에 이르는 동안 우리네가 살아내야 했던 삶의 한 단면을 예리하게 파헤치기도 했다. 그런가 하면 원로작가로 대우받기를 거부하며 마지막까지 현역작가로 열심히 작품활동을 하였다. 그가 우리 곁을 떠난 뒤 어느새 1주기, 삼가 명복을 빌었다.

2월 6일 월요일 · 흐림

정월 대보름이다. 아침에 호두를 깨물며 부럼을 쫓고, 갖가지 나물무침 반찬으로 오곡밥을 먹었다. 그러나 날씨가 흐려서 보름달은 보지 못했다.

예전엔 설날 · 추석날과 더불어 대보름이 우리네 큰 명절 가운데 하나였다. 특히 한 해의 첫 보름이라 특별히 중요시하였고, 그 해의 풍흉豊凶과 신수의 길흉화복吉凶禍福을 점쳤다. 또한 새벽에 귀밝이술을 마시거나 밤 · 잣 · 호두 · 땅콩 같은 것을 깨물며 부럼을 쫓고, 약밥 · 오곡밥 · 보쌈 · 나물 · 국수 등을 먹었다. 사람들은 그렇게 맛있는 음식을 먹으며 즐겁게 노는데, 개들은 굶는 날이다. 그래서 속담에 '정월대보름날 개

같다'는 말이 있다.

또한 달맞이·줄다리기·차전놀이·지신밟기·달집태우기 같은 민속놀이를 하였다. 그리고 대보름날 저녁에 하는 쥐불놀이나 들불놀이는 횃불을 들고 들판에 나가 논두렁이나 밭뚝의 잡초와 잔디를 태우는 것이다. 이것은 달맞이를 한 다음 이어서 하는 행사이다. 그와 함께 연날리기를 하였다. 하지만 이제는 그 같은 우리네 고유명절을 아는 사람도 즐기는 사람도 드물다. 왠지 허전하고 서운하다.

– 2월 9일 목요일 · 맑음

대구시 중구청에서 주관하는 블로그 기자단 발대식에 참석하였다.

대학생들로 구성된 기자들을 위해 기사 쓰는 요령을 강의해 달라는 요청이 있었다. 그들은 봉사활동을 하는 아마추어 기자들이다. 장황한 이론보다 기사를 쓰는 데 필요한 실질적인 이야기를 하였다.

무엇보다 인식의 정리가 되어야 한다. 흔히들 자기도 모르는 글을 쓰는 경우가 있다. 취재 내용에 대한 개념 파악이 안 된 경우, 취재 내용을 알면서도 개념화시키지 못한 경우가 이에 해당한다. 그래서 횡설수설하는 경우가 있는데, 자기도 모르는 글을 독자가 어찌 알겠는가?

또한 전문前文을 잘 써야 한다. 전문만 쓰면 기사를 다 쓴 것과 다름없다. 전체 기사에 대한 완벽한 이해, 뉴스성의 추출, 그것들을 포괄적으로 표현할 수 있는 능력을 갖춰야 한다. 그러자면 연역적 구성(두괄식) 또는 귀납적 구성(미괄식) 가운데 연역적 구성이 효율적이다. 그것은 일반적인 내용을 먼저 쓰고, 그 다음으로 특수한 내용을 쓰는 방식을 말한다. 그리고 의미 부여를 잘해야 한다. 대체로 특정사실이 가진 의미의 확장 또는 정확한 해석이 필요하다.

[예시]

현행 4년제 대학 편입제도가 대학의 면학 분위기를 해치는 것은 물론, 지방대 공동화, 학문 영역의 편중 등 각종 부작용을 초래, 이에 대한 보완책 마련이 요구되고 있다…

다음으로 간결하게 써야 한다. 간결은 기사 작성의 목표이자 수단이다. 문장의 길이, 의미 요소의 수, 동어반복의 탈피 같은 기사 쓰기의 주의사항들이 궁극적으로는 간결을 뜻한다. 다시 말하자면 간결한 문장은 핵심적 의미 부분만 남기고 나머지를 과감하게 잘라낼 때 얻을 수 있다.

그 다음으로 압축의 묘미를 살려야 한다. 압축은 문장에서의 간결·명확과 같은 개념이다. 총체적인 상황이나 현상을 한 문장(단어)로 핵심을 파악하는 노력을 게을리 하지 말아야 한다. 기사는 장황한 서술이나 비유가 필요 없다. 문장을 길지도 짧지도 않게 조절할 수 능력을 길러야 한다. 그러자면 문장 종결단어의 반복 사용, 단어의 중복 사용, 발음에 대한 고려 부족 등에 유의하여야 한다.

끝으로 표준어와 '띄어쓰기, 무분별한 외래어 표기, 문장 부호 같은 문장의 기본 지키기에 신경을 써야 한다. 아무튼 기사 쓰기란 쉬운 일이 아니다. 지식 또는 문장 능력만으로 기사가 잘 써지는 것은 아니다. 때로는 차가운 이성이 필요하고, 때로는 뜨거운 열정이 필요하다. 대범해야 할 때가 있는가 하면, 시시콜콜하다 싶을 정도로 섬세해야 하는 경우도 있다. 다양한 기사를 전부 잘 쓴다는 것은 결코 쉬운 일이 아니다. 따라서 많은 노력과 경험은 물론, 실패를 거울삼아야 한다. 진지한 분위기였다.

– 2월 21일 화요일 · 흐림

박정희 대통령 기념·도서관이 우여곡절 끝에 문을 열었다.

사업을 시작한 지 13년, 착공한 지 10년 만에 개관한 것이다. 개관식에는 박근혜 새누리당 비상대책위원장, 김정렴 기념사업회 회장, 이달곤 대통령실 정무수석비서관, 맹형규 행정안전부장관, 남덕우 전 국무총리, 백선엽 예비역 대장 등 많은 사람들이 참석하였다.

박정희대통령기념사업회는 개관식에서 '기념관은 젊은 세대와 후손들에게 박정희 대통령 세대가 이룩한 근대화 과정을 가르쳐 주는 교육의 장場이 될 것'이라고 밝혔다. 또한 큰딸인 박근혜 새누리당 비상대책위원장은 인사말에서 '이 기념관은 성공적인 국가발전 동력이 어떻게 만들어지고, 어떤 공감대 속에서 그 성취를 이루었는지 알리는 소중한 배움의 장場이 될 것'이라고 하였다. 이어서 '이 기념관의 자료와 기록은 아버지 한 분의 것이 아니라 땀과 눈물로 나라를 일군 국민 모두의 것'이라고 하였다.

기념관은 연면적 5,272.5평방미터에 지상 3층 규모이다. 1층과 2층 일부는 박정희 대통령의 유품과 기념 영상 등으로 꾸민 전시실, 2층과 3층은 일반 · 특별자료 열람실로 꾸며졌다. 2,3층의 도서관은 올여름에 개관할 예정이다.

2층의 제1 전시실은 박정희 대통령의 대형 사진과 그가 이룩했던 일을 한눈에 볼 수 있게 꾸며 놓았다. 또한 1층의 제2 전시실은 고속도로 건설 · 새마을운동 · 농업 개발 · 중화학공업 정책 등을 설명하는 모형과 유품으로 채워졌다. 그리고 1

층의 제3 전시실은 '인간 박정희'의 공간이다. 옷과 라디오·망원경·카메라……. 빛바랜 책 『이순신』의 앞장엔 박정희 대통령이 1953년 12월 손으로 적은 독후감이 적혀 있다. 그밖에 파란색 펜으로 꾹꾹 눌러 쓴 경부고속도로 구상안·마지막 행사였던 삽교천 준공식 때 직접 손에 쥐었던 테이프 커팅용 가위·색색의 물감이 짜인 채 그대로인 팔레트와 이젤……. 누렇게 빛이 바랜 '제1차 경제개발 5개년계획' 책자의 앞장엔 직접 쓴 메모가 빼곡하고, 1970년대 영일지구 사방사업 현장을 축소해 만든 모형도 있다. 한마디로 '대통령 박정희'와 '인간 박정희'를 함께 보여주려고 애쓴 흔적을 엿볼 수 있다.

미국에는 전직 대통령의 기념 도서관이 12개 있다. 개인 돈으로 짓고, 정부기록보관청이 운영 관리를 맡고 있다. 업적을 꾸미고 규모를 크게 하려는 경쟁 때문에 빈축을 사기도 하지만, 해마다 200만 명이 찾는 명소가 되어 있다. 또한 1980년대만 총통 장징궈는 아버지 장제스 초대 총통을 기리며 '중정기념당'을 세웠다. 아버지의 본명인 '중정中正'에서 이름을 따왔다. 그리고 우리나라에도 전직 대통령의 기념관이나 도서관이 더러 있다.

– 3월 11일 일요일 · 맑음

주말을 무료하게 보내다가 문득 영화가 보고 싶었다.

EBS에서 방영한 일요 시네마 '석양의 건맨For a few dollars more'를 보았다.

세르지오 레오네 감독의 1965년 작품인데, 클린트 이스트우드, 리 반 클리프, 지안 마리아 볼론테가 열연을 펼친다. 학창시절에 재미있게 보았던 영화인데, 그때 그 시절엔 서부 영화가 인기였다. 줄거리를 간추려 적어 보면 이렇다.

감옥을 탈출한 현상범 인디오(지안 마리오 볼론테 분)는 부하들과 어울려 살인과 강탈을 일삼는다. 그는 음악이 흘러나오는 회중시계에 집착하는 버릇이 있는데, 누군가를 죽일 때마다 회중시계를 꺼내 본다. 그를 잡기 위해 두 사람의 총잡이가 서부의 작은 도시에 등장한다. 그들은 현상금에 눈독을 들이는 이른바 '현상금 사냥꾼'이다. 하나는 이름을 알 수 없는 차갑고 냉정한 총잡이로 '이름 없는 자(클린트 이스트우드 분)'로 불리고, 다른 하나는 육군 대령인 모티머(리 반 클리프 분)인데, 그와 인디오 사이에는 여동생의 죽음이라는 악연이 있다. 두 사람의 총잡이는 인디오를 잡기 위해 동업자로 역할을 분담하여 싸움을 벌인다. 인디오가 엘파소은행을 털고, 두 명의 총잡이는 그를 추격하고, 그렇게 엎치락뒤치락 싸움이 벌어진다. 그러다가 마침내 인디오와 모티머가 마주보며 결투를 벌이고, 모티머가 최후의 승자가 된다. 그리하여 인디오가 가지고 있던 여동생의 사진이 들어 있는 회중시계를 되찾아 호주머니에 넣는다. 그리고는 '이름 없는 총잡이'에게 거액의 현상금을 모두 가지라며 양보한 채 말을 타고 길을 떠난다. 석양이 비낀 벌판을 향하는 그의 모습이 참 멋있다.

미국의 서부 개척사를 보면 총잡이들은 일용직 고용인에 지나지 않는다. 하지만 영화에서는 그들을 마치 정의의 화신인 양 미화하여 풍성한 이야기를 만들어 나간다. 그들은 불리하고 어려운 싸움이라도 죽는 법이 없고, 어떤 경우에도 등 뒤에서 총을 쏘지 않으며, 황금(돈)에 초연한 모습을 보인다. 그래서 서부 영화가 대중의 인기를 누렸다.

– 3월 15일 목요일 · 맑음

영남이공대학교 부설 평생교육원에 나가서 강의를 했다.

'대구의 역사 문화 바로 알기'를 주제로 삼았다. 수강하는 사람들의 대다수가 그동안 교육계에서 일하다 정년을 맞아 물러난 사람들이었고, 그 가운데는 여성들도 많이 있었다.

대구는 오래 전통과 역사를 간직하고 있는 도시다. 한때는 전국에서 3대 도시라는 명성을 누렸는가 하면, 어디에 가서

'대구 사람'이라는 소리를 들으면 자랑스럽게 여겼다. 그러나 산업화 과정에서 성장 동력을 상실하여 주춤거리다가 경쟁에서 뒤처지기 시작하였다. 그러다가 뒤늦게 정신을 차려 옛 명성을 되찾으려고 몸부림치고 있다.

무엇보다 몸담아 살고 있는 고장에 대한 자부심을 가질 수 있어야 한다. 아울러 구성원이 된 것을 자랑스럽게 여길 수 있어야 한다. 나아가 고장의 전통이나 풍물을 소중하게 여기고, 나무 한 그루, 건축물 하나를 세우더라도 도시의 품격을 먼저 생각하는 안목이 있어야 한다. 다시 말하자면, 자신이 살고 있는 도시에 대한 귀속감과 문화적 긍지가 없으면 발전을 기대할 수 없다.

문화는 과거 · 현재 · 미래에 대한 시간적 영속성 속에서 의미를 가진다. 그와 함께 역사에 대한 재조명으로부터 출발한다. 그러므로 고장의 역사에 대한 이해 없이 문화의 보존이나 창달은 있을 수 없다. 그런 맥락에서 '대구읍성 시대/ 도심의 거리풍물/ 멋과 풍류/ 근대교육의 시작' 같은 줄거리를 하나하나 짚어가며 이야기를 나누었다.

지난 시절을 되돌아보는 것은 옛날로 돌아가기 위한 것이 아니라, 오늘을 더욱 값지게 살아가기 위한 노력이다. 그와 함께 미래를 더욱 빛나게 하려는 열정이다. 그런가 하면 정체성이란 돌아보는 게 아니라 앞을 바라보는 개념이며, 돌아가기 위해서 가다듬는 자기 노력이기도 하다. 높은 호응과 교감이 있었으며, 그만큼 즐거웠다.

– 3월 16일 금요일 · 비

대구문화예술회관에서 열린 대구시립교향악단의 제383회 정기연주회에 갔다.

지휘는 음악감독 겸 상임지휘자인 곽 승이 맡았다. 프로그램은 드보르작의 사육제 서곡/ 생상스의 서주와 론도 카프리치오소/ 사라사테의 치고이너바이젠(집시의 선율)/ 스트라빈스키의 페트루슈카(1947)로 짜여 있었다.

사육제 서곡은 전체적으로 활기찬 리듬과 참신한 선율을 풍부하게 담아냈다. 특히 탬버린이나 트라이앵글 같은 악기들이 색채감을 잘 살렸다. 그리고 생상스와 사라사테는 바이올린 협연자 양지인의 화려한 기교와 젊은 감성을 느낄 수 있었다. 그녀는 일찍부터 미국에서 공부하였고, 세계적으로 저명한 음악가들을 사사하였으며, 여러 콩쿠르에서 두각을 나타낸 유망주이기도 하다.

스트라빈스키의 '페트루슈카Petrushka'는 한 여자를 사랑한 두 남자, 그 사이에서 벌어지는 비극을 다룬 작품이다. 그 줄거리는 1830년경, 제정 러시아의 수도 페테르부르크에서 열린 사육제를 배경으로 페트루슈카·발레리나·무어인 이렇게 세 꼭두각시 인형에게 인형사가 생명을 불어넣으면서 시작된다. 발레리나를 사랑한 페트루슈카, 하지만 발레리나가 그의 고백을 거절하자 페트루슈카는 슬픔에 빠져 괴로워한다. 다시 마음을 다잡고 그녀에게 다가가지만, 그녀를 사랑한 무어인에 의해 페트루슈카는 결국 죽게 되는 비극적인 사랑 이야기다.

작품의 제목이자 주인공 인형의 이름인 '페트루슈카'는 러시아 농민들 사이에 흔한 이름인 '페터Peter'의 애칭이기도 하다. 또한 짝사랑을 하다가 악한에 의해 비참한 최후를 맞는 이 캐릭터는 당시 핍박받는 러시아 농민들을 상징한 것으로 알려졌다. 그리고 제1장 사육제의 시장, 제2장 페트루슈카의 방, 제3장 무어인의 방, 그리고 제4장 사육제의 시장 저녁; 페트루슈카의 죽음으로 구성되어 있다.

음악은 플루트·클라리넷·오보에·트럼펫·호른·피아노 같은 악기들의 연주가 돋보였다. 특히 피아노가 주역이라 할 수 있는데, 단순하면서도 매혹적인 선율이 좋았다. 제4장의 '농부의 춤' '마부의 춤'에서 익살스런 연주가 그럴싸했고, 전체적으로 금관과 다른 악기들과의 화음이 좋았다.

러시아 음악 가운데서 처음 접하는 음악이었으나 즐겁고 유쾌한 연주였다. 지휘자 곽 승의 절제된 열정과 아름다운 화음이 작품성을 잘 살렸다. 아낌없는 박수를 보냈다. 봄비가 촉촉하게 내리는 밤, 아름다운 선율을 흥얼거리며 천천히 걸었다.

– 3월 17일 토요일 · 맑음

서울에서 이주연인하대 재학과 일행이 찾아왔다. 내가 펴낸『대구 이야기』를 보았는데, 그 가운데 있는 이야기를 직접 듣고 싶다고 했다. 아울러 전국 방방곡곡의 잊혀지고 묻혀버린 옛이야기를 채록하는 일련의 작업계획에 대해서 설명하였다.

'대구의 상징/ 거리풍물/ 오래된 맛과 멋/ 민담과 설화'에 관해서 많은 대화를 나누었다. 묻고 답하는 형식으로 진행되었고, 메모와 녹음이 이루어졌으며, 꽤 오랜 시간 동안 이야기가 이어졌다. 사진을 찍었고, 서점에서 사가지고 온 책에다 서명을 해달라고 해서 그렇게 하였다.

오늘 같은 영상매체가 주도하는 시대에, 지역에 흩어진 옛이야기를 채록하는 작업은 그 의미가 크다. 하지만 쉬운 일이 아니다. 자료를 소장하고 있거나 증언을 해줄 사람들이 그리 많지 않기 때문이다. 그런가 하면 시간을 내어서 사람들을 만나야 하고, 곳곳을 찾아다니며 발품을 팔아야 하는 수고와 노력이 있어야 한다. 그 같은 어려움을 감안해서 정성껏 이야기 해주었고, 격려와 칭찬을 아끼지 않았다.

– 3월 20일 화요일 · 맑음

톨스토이러시아, 1828~1910의 후기 작품들을 읽었다.

「사람은 무엇으로 사는가」, 「사랑이 있는 곳에 신도 있다」, 「사람에게는 과연 땅이 많이 필요한가」, 「불을 놓아 두면 끄지 못하게 되리라」, 「머슴 예멜리얀과 빈 북」 등 동화 같은 단편들로서, 말년에 애착을 가지고 집필했던 작품이다.

톨스토이는 1873년 그의 나이 마흔다섯에 이르러 세계관에 일대 전환이 있었다. 그리하여 자신의 새로운 독자층인 농민들을 위해 많은 작품들을 썼다. 자신의 종교적 · 도덕적 견해를 보다 광범위한 민중들에게 보급할 목적으로 민화를 개작하고 창작하였다. 그 같은 작품을 통해서 그의 또 다른 모습을 볼 수 있다.

「사람은 무엇으로 사는가」는 1881년에 쓰기 시작하여 1885년에 출판되었다. 구두 만드는 사람 세묜과 그의 아내 마뜨료나가 주요 등장인물인데, 사람살이에 관한 단순하고 진솔한 이야기다. 그는 성서를 단순화하여 우리에게 감동을 주고 있다. 그만큼 작가의 언어는 더 힘이 있고, 더 진지하며, 더욱 가슴이 뜨거워진다. 그밖에 작품들은 1885년에 썼다. 「머슴 예멜리얀과 빈 북」은 1886년에 썼는데, '황제가 가난한 사람을 죽인 뒤, 그의 아름다운 아내를 빼앗으려고 그에게 해낼 수 없는 일을 맡긴다'는 러시아의 민화를 동기로 삼아 쓴 작품이다.

아주 재미있게 읽었다. 흔히들 톨스토이라고 하면 『전쟁과 평화』, 『안나 까레니나』, 『부활』 같은 무거운 작품들을 떠올리게 마련이다. 그럴 수도 있다. 하지만 후기에 들어 어린이와 민중들을 위한 단편과 동화를 많이 남겼다. 이른바 그의 새로운 독자층을 위해 정성을 쏟은 작품들이라 할 수 있다. 그는 쉬운 내용과 단순한 언어, 배경의 과감한 생략을 통해 자신의 독특한 예술 형식으로 전환시키는 데 시간과 노력을 아끼지 않았다. 문학 작품이라고 해서 반드시 어려운 이야기, 복잡한 형식을 고집할 필요는 없지 않은가?

– 3월 21일 수요일 · 맑음

대구시공무원교육원에서 강의를 하였다. 주제를 '내 고장 역사 문화 바로 알기'로 정하여 3시간을 이어서 진행하였다. 꽤 긴 시간이었으나 그리 지루하다는 느낌이 들지 않았다.

공무원은 지역사회를 위해 봉사하는 사람들이다. 또한 지방행정에 관한 전문가이기도 하다. 하지만 격무에 시달리느라 전문성을 키울 기회가 그리 많지 않다. 그래도 틈틈이 자기 계발을 위해 힘쓰는 게 마땅하다. 업무와 관련한 논문이며 서적을 찾아서 읽어야 하고, 나날이 발생하는 사회문제의 이해 당사자를 설득하고 조정하는 방법도 터득해야 한다. 그와 함께 지역의 역사와 풍물에 관해서도 안목을 넓혀야 한다. 역사의식이 없으면 미래도 없다.

대구는 오랜 역사와 전통을 가진 도시다. 한때는 전국의 3대 도시 가운데 하나라는 명성을 누렸다. 그러나 근대화 과정에서 성장 동력을 상실하여 주춤거리다가 차츰 뒤처지기 시작하였고, 지금은 무엇 하나 자랑할 게 없는 어정쩡한 도시가 되고 말았다. 옛 명성을 되찾으려는 치열한 몸부림이 있어야 한다.

대구라는 도시가 지니고 있는 잠재력을 성장 동력으로 이끌어 내는 데 힘써야 한다. 그러기 위해서는 시민들의 자긍심을 드높여 주는 다양한 방법이 모색되어야 한다. 그 같은 노력은 고도로 분화된 산업사회에서 구성원들을 친화적인 관계로 묶어 줄 뿐 아니라, 신뢰와 협력의 원천이 되기도 한다. 그러자면 공무원들이 역사의식과 사명감을 가지고 앞장서야 한다.

그 같은 맥락에서 '대구의 상징/ 읍성시대/ 도심의 풍물/ 근대교육의 시작'에 관해서 많은 이야기를 나누었다. 우리가 지난 시절을 되돌아보는 것은 옛날로 돌아가기 위한 것이 아니라, 오늘을 더욱 값지게 살아가기 위한 노력이다. 또한 다가오는 내일을 더욱 빛나게 하려는 열정이기도 하다. 아무튼 눈과 눈을 마주보면서 많은 것을 교감하였다. 즐거웠다.

– 3월 26일 월요일 · 맑음

국립 대구박물관에서 열리는 '대한제국 특별전'을 보았다.

일반 공개에 앞서 지역의 박물관 관계자들과 초청 인사들을 위해 마련된 자리였고, 향토사학자라는 이름으로 초청을 받았다.

대한제국이 역사 속으로 사라진 지 어언 100여 년이 지나가고 있다. 제국의 멸망은 일제 식민지로 이어졌고, 독립을 맞이한 가운데 또 60여 년의 시간이 흘렀다. 우리는 여전히 '대한'이라는 국호를 그대로 사용하고, 대한제국이 꿈꿨던 근대화된 사회에서 살고 있다. 하지만 대한제국을 떠올리면 한일강제병합이라는 암울한 역사와 마주하게 된다. 그런 탓인지 대한제국의 역사는 애써 외면하거나 기억하고 싶지 않은 부정적인 과거로 여겨지기도 한다.

이 전시는 대한제국 황실의 삶과 그들이 이루고자 했던 세상을 보여주고 있다.

제1부에서는 황실의 존엄과 전통을 세우고자 했으나, 빛을 보지 못한 채 짧게 끝나버린 대한제국의 아쉬움을 보여주고 있다. 고종이 황제로 등극한 모습을 비롯하여 황실 가족과 마지막 황제 순종의 행적을 보았다. 제2부에서는 근대를 향해 새롭게 도약하려는 그들의 의지에서 전통을 바탕으로 개혁을 이루고자 했던 구본신참舊本新參의 면모를 보았다. 그리고 서구 열강과 통상조약을 맺기 시작한 1892년 이후 황실의 일상에 도입된 변화의 모습을 보았다.

황제를 상징하는 황색의 용포龍袍를 입고 익선관翼善冠을 쓴 고종의 어진御眞을 보았다. 1909년 대구를 방문했던 순종의 행차 광경 사진이며, 경운궁慶運宮, 덕수궁의 원래 이름 현판을 보았다. 또한 짙은 청색 바탕에다 꿩과 오얏꽃 무늬를 수놓은 영친왕비의 적의翟衣며, 봉황 장식 큰 비녀를 보았다. 그밖에도 서양식 관복官服들과 황실에서 사용했던 집기를 비롯한 다양한 전시물들을 보았다. 눈과 귀를 밝혀주는 의미 있는 전시라는 생각이 들었다.

* 한 바퀴 돌아본 뒤 다과회가 열렸다. 전국의 유수한 박물관장과 지역 대학교의 박물관 학예연구실장들이 참석하였다.

그 자리에서 뜻밖에도 내가 쓴 『대구 이야기』가 소개되었고, 높은 관심과 함께 과분한 찬사를 들었다.

– 3월 27일 화요일 · 맑음

대구문화예술회관에서 열린 정경화 바이올린 독주회에 갔다. 본인의 표현대로 '연주 인생의 3막'을 여는 의미 있는 연주회다. 프로그램은 모차르트의 바이올린 소나타 33번/ 베토벤의 바이올린 소나타 7번/ 프로코피예프 바이올린 소나타 1번/ 시마노프스키의 녹턴과 타란텔라로 짜여 있었고, 피아노 반주는 케빈 케너가 맡았다. 대구에서 좀체 듣기 어려운 연주라서 기대와 설렘으로 객석에 앉아서 시작을 기다렸다.

정경화는 강렬한 음악적 감수성과 예술적 완성을 추구하는 연주자로 정평이 나 있다. 그동안 세계 정상급 지휘자들이 이끄는 오케스트라와의 협연이 이 같은 사실을 증명해 주고 있다. 또한 지금까지 30여 장의 앨범을 발표하였을 뿐 아니라, 도이치그라마폰 어워드와 프랑스 디아파종 황금상 같은 유명 음반상을 수상하였다.

객석을 돌아보니 빈자리가 없었다. 드디어 연주자가 무대로 나왔고, 뜨거운 박수로 맞았다.

모차르트의 소나타 33번, 이 곡은 1785년 12월에 작곡된 것으로 알려졌다. 연주는 환타지풍의 아다지오를 중심으로 한 넘치는 시정詩情을 잘 표현하였다. 이어서 베토벤의 소나타 7번, 그의 바이올린 소나타 가운데서 걸작으로 알려져 있는 곡인데, 일반적으로 C단조의 곡은 슬픈 악상을 지니는 것이 특징이다. 숙연한 느낌이 드는 가운데 연주 분위기가 무르익어 갔다. 그러다가 아주 여리게 마무리 지었고, 한동안 숨소리조차 들리지 않을 정도로 고요가 이어졌다. 청중들의 뜨거운 박수 속에 1부 순서가 끝났고, 잠시 휴식 시간을 가졌다.

이어서 프로코피에프의 소나타 1번이 연주되었다. 이 곡에는 전생에의 공포와 죽음에의 불안 등 어둡고 심각한 정서가 흐른다. 그러나 환상적인 4악장으로 구성된 소나타는 민요풍의 선율과 힘차고 예리한 음향이 잘 표현되었다. 고도로 숙련된 연주자의 기교로 해서 숨이 막히는 것 같은 분위기가 연출되었고, 마치 신들린 사람처럼 연주에 몰입하는 그의 모습을 통해 무한한 희열을 맛보았다. 연주가 끝나고도 한동안 꿈속을 헤매는 것 같은 흐뭇한 분위기였다.

끝으로 시마노프스키의 녹턴과 타란텔라는 여유를 되찾았다. 1악장에서는 매혹적인 음악으로 유혹의 춤사위가 펼쳐졌고, 2악장에서는 열정적인 타란텔라 춤을 떠올리게 하는 분위기로 치닫다가 격정적으로 끝을 맺었다. '브라보'를 외치며 아낌없는 박수를 보냈다. 박수는 길게 이어졌고, 그 소리는 컸다. 청중들은 앙코르 곡을 듣는 기쁨을 누렸다. 감동적인 연주였다.

– 4월 4일 수요일 · 맑음

대구시공무원교육원에서 강의를 하였다.

'대구 사람들의 멋과 풍류'를 주제로 삼았다.

맛은 무엇이고, 멋은 또 무엇인가?

멋이란 말은 맛이라는 말에서 변화된 말이다. 멋없는 사람을 맛대강이 없는 사람이라고 한다. 음식에서 오미五味가 완전히 중화되어 밍밍하고 싱거우면 맛이 안 난다. 여기에 초나 간장을 한 방울 쳐야 비로소 새콤하거나 짭짤한 맛이 난다. 인생에 있어서도 멋이란 이와 같은 것이다.

멋을 인생의 맛이라 느끼고 살아온 민족이 우리네다. 맛의 양모음인 '아'가 음모음인 '어'로 슬쩍 바뀌며 멋이란 새로운 관념으로 나타나는 것은 우리말에나 있을 뿐이요, 우리말에서만 생길 수 있는 말의 뉘앙스다. 여기에 한국적인 멋의 특색이 있다.

멋도 가지가지다. 거문고 시울 얹어 한중진미閒中眞味를 홀로 즐기는 것도 멋이요, 천안 삼거리의 능수버들 모양으로 제

멋에 겨운 것도 멋이며, 뜨물에 빠져도 제 멋에 산다는 멋도 멋이다. 아취雅趣는 고아高雅한 데 기울어지는 멋이요, 야취野趣는 소아疎野한 데 흐르는 멋이다. 묵란墨蘭 한 폭에 백자향柏子香 피워 놓고, 거문고 어루만지며 다향茶香을 즐기니 고아古雅한 멋이요, 느티나무 시냇가에 질항아리 놓아두고 막걸리를 걸러내어 박잔을 기울이니 소탈한 멋이다. 운치韻致란 향기로운 멋이 있고, 풍류란 흐트러진 멋이 있는 것이다.

천안 삼거리의 흥타령은 요망한 멋이요, 고깔 아래 승무僧舞는 분탕奔蕩한 멋이다. 요즈음 아이들이 많이 쓰는 근사하다는 말로 표현되는 멋은 외래풍의 겉만 받아들이는 유행의 멋이요, 사지육신을 비비꼬며 마구 흔드는 재즈의 멋은 세기말의 퇴폐적인 멋이다. 멋도 시대사조에 따라 변하고 변해 온 것이다.

멋은 그 어느 것을 막론하고 정규에서 약간 벗어나 파격적이기를 요한다. 똑바로 눌러 쓴 모자보다 조금 삐딱하게 쓴 것이 멋이다. 이것이 곧 벅찬 인생고의 탈출구요, 뚫고 나갈 하나의 창문이기도 하다. 멋쟁이라 할 때 그 멋은 천박한 것이요, 멋지다 할 때 그 멋은 품品이 있는 것이며, 멋들어지다 할 때 그 멋은 흐뭇한 것이다. 멋이 뚝뚝 떨어진다 할 때 그 멋은 흐트러진 것이요, 멋있다 할 때 그 멋은 참신한 것이니,

멋도 천층만층이다.

사람은 원래 다식판에 박은 듯 획일적인 데 만족할 수 없다. 지나치게 빈틈이 없으면 숨이 막히게 마련이다. 이때 한 가락 해방의 길을 열어주는 것이 멋이요, 안식의 힘을 실어주는 것이 멋이다. 인간이 사는 곳에 반드시 멋이 있다고 하였지만, 인생의 밑바닥을 뚫고 나오는 멋은 오직 한국의 멋이요, 이것을 인생의 맛이라 느낀 것은 한국의 말이다. 괴롭고 가난하고 외로운 인생 체험에서 찾아낸 하나의 정수인 것이다. 한국의 예술은 실로 오래 동안 이것을 지녀왔고, 한국의 문화는 여기서 성숙되어 마침내 한국의 정서와 개성을 이루고 있는 것이다.

이 같은 맥락에서 그때 그 시절 대구의 이야기를 정리해 보았다. 기생 이야기, 영화와 대중가요 이야기, 그리고 상고尙古 예술학원과 청라언덕에 얽힌 이야기를 하였다. 시종 웃고 즐기는 가운데 폭 넓은 공감대가 형성되었다. 즐겁고 유익한 시간이었다.

— 4월 21일 토요일 · 비

원로 작곡가 김성태金聖泰 선생이 세상을 떠났다. 향년 102세라고 한다.

그는 '산유화' '동심초' '이별의 노래' 등 우리 정서에 바탕을 둔 100여 곡의 가곡을 비롯해 많은 실내악과 교향곡을 남겼다. 또한 1934년에 첫 동요 작곡집 '새야 새야 파랑새야'를 출간했고, 1946년 서울대 음대 창설 당시부터 교수와 학장을 지냈으며, 예술원 회장과 예음 문화재단 대표를 지냈다. 자신의 음악 세계를 '서정성 · 간결성 · 소박성'으로 요약한 바 있고, '낭만적이면서도 한의 정서를 지닌 한국민요 등 국악에 뿌리를 두고 있다'고 하였다. 2009년에는 제자들이 100번째 생일을 맞아 기념 음악회를 열기도 하였다. 꽃잎이 하염없이 바람에 지는 날 '동심초'처럼 이승을 하직했다. 삼가 명복을 빈다.

– 4월 24일 화요일 · 맑음

김원길金源吉 시인이 『지례유사芝澧遺事』라는 시집을 보내왔다.

그는 안동 지례마을에 산다. 지례마을은 안동의 임하댐 상류에 그가 만든 외딴 마을이다. 마을이라고는 하나 집만 10동이고 실제 사는 사람은 그와 아내 두 사람뿐인데, 그나마 옆집과는 산 넘어 20리나 떨어진 외딴 마을이다.

지례마을은 20여 년 전 수몰되고 없어진 마을이다. 임하댐 건설로 400년 역사의 고향 마을이 수몰될 때, 선대가 남긴 10

동의 문화재 건물을 마을 뒷산으로 옮겨 다시 지었다. 그리고 는 '지례예술촌'이라는 이름으로 되살려 놓았는데, 그래서 '예술촌 촌장'으로 불리고 있으며, 마을은 숲 속의 반딧불처럼 빛을 뿜어내고 있다.

그는 고향 마을의 수몰에 따른 건축물 이건과 마을 조성을 위해 무척 애를 썼다. 그로 해서 문단 출입을 끊고 절필하다시피 지내오다가, 고희에 이르러 그동안 쓴 것들 가운데서 간추려 선집을 냈다. 반가운 마음으로 몇 편을 골라 읽었다.

> 별빛 쏟아지는 마당에/ 평상을 펴고// 개다리소반을 마주해/ 친구와 쉬엄쉬엄/ 차를 마신다// 아내는/ 마른 쑥으로/ 모깃불을 피우며// 서울 친구의 세상 얘길/ 홀린 듯 엿듣는다// 뒷산 소쩍새가/ 휘영청/ 달무리를 흔들자// 손님은/ 그만 이야길 멈춘다// 백 번을 들어도 싫지 않은 새소리/ 백 번을 들어도 야릇한 세상사// 친구여, 날 밝거든/ 냇가에 나가/ 멍텅구리 낚시나 담그어 보세.
>
> –「산중대작山中對酌」 전문

그와 나는 같은 의성 김문義城金門의 후예라는 남다른 인연이 있다. 여러 해 전 어느 여름날, 그곳에서 하룻밤을 묵으며 문학을 논하고 집안 이야기를 나눈 적이 있다. 그 뒤로도 가끔 안부를 주고받는 사이지만, 서로가 분주한 탓으로 얼굴을 보지 못한 지 꽤 오래되었다.

— 4월 26일 목요일 · 맑음

올해는 봄비가 잦다. 어제는 꽤 많은 비가 내렸으나, 차분하게 내려서 작물과 나무에도 보탬이 되겠다. 자고 나니 쾌청한 하늘과 풋풋한 바람이 정신을 한결 맑게 해주었다. 산과 들에도 생기가 도는 것 같다. 문득 떠오르는 생각이 있어서 '말로써 말 많으니' 라는 제목으로 글 한 편을 엮었다.

말이 말을 낳고, 시비가 시비를 불러오게 마련이다.

앞에 나서서 설쳐대는 사람들, 특히 정치인들은 말을 많이 한다. 그만큼 빈말 헛말도 숱하게 많이 한다. 그 가운데서 종교에 관한 말, 인종이나 피부색에 관한 말, 여성들에 관한 말들은 아주 민감해서 곧장 일파만파로 번져나가 사회문제가 되기도 한다. 나의 종교가 소중하면 남의 종교 또한 소중하다. 인종이나 피부색이 그 사람을 평가하는 잣대가 되어서는 안 된다. 그와 함께 여성들을 차별하거나 희롱하는 것은 그 사람의 교양이나 인격을 의심받게 된다.

말은 곧 그 사람이다. 말을 들어보면 그 사람이 보인다. 쓸데없이 말이 많은 것은 내면이 텅 비었기 때문이다. 그런 사람들은 남들이 자신의 약점을 알아차릴까 봐 쉴 새 없이 떠들며 인정을 받으려 든다. 또한 줏대가 없는 사람들의 말은 난폭하다. 함부로 떠들고 멋대로 지껄인다. 그래서 말수가 적을수록 사람값이 올라가는 법, 침묵 속에는 함부로 범접하기 어려운 힘이 있다.

옛글에 이런 구절이 있다. 착한 말, 착한 행동, 착한 생각을 하면서도 군자가 되지 못한 경우가 없다. 또한 착하지 못한 말, 착하지 못한 행동, 착하지 못한 생각을 하면서도 소인이 되지 않은 경우는 없다. 착한 말이 군자에 이르는 첫 단계라는 뜻인데, 소학小學에 있는 구절이다.

우리말은 참 아름다운 언어이다. 같은 말이라도 어떻게 부리느냐에 따라 그 느낌이 확연히 달라진다. 이전부터 '아' 다르고 '어' 다르다고 하였다. '아 해 다르고, 어 해 다르다'고도 하였다. '알록달록' 예쁜 색동저고리를 '얼룩덜룩'하다고 하면 졸지에 지저분해지고 만다. 또한 '산봉우리'를 '산봉오리'라 하면 별로 높지 않을 것 같은 느낌이 들고, '꽃봉오리'를 '꽃봉우리'라 하면 예쁜 맛이 사라진다.

날이면 날마다 할말 하지 말아야 할 말을 분별없이 쏟아놓는다. 그로 해서 오해나 다툼이 생기고, 심하면 원한을 사기도 한다. 나라고 해서 예외일 수 없다. 무심코 내뱉은 한마디가 상대방에게 상처를 주지 않았을까, 생각하면 두려운 마음 금할 길 없다. 하지 않아도 될 말은 하지 말아야 하는데. 말씀에 이르기를, 사람이 짓는 죄가 열 가지라고 한다면, 그 가운데 아홉은 입으로 짓는 것이라고 하였다. 이참에 묵언수행이라도 해야 할까 보다.

– 5월 1일 화요일 · 흐림

글 한 편을 엮었다. '고사관수도高士觀水圖'를 보다가 느낀 생각을 정리하였다.

조선 전기[세종~세조]의 문신文臣으로 직제학 벼슬을 지낸 강희안姜希顔, 1418~1465이란 선비가 그린 그림이다. 암벽 아래 있는 바위에 엎드려 턱을 괴고, 한가하게 흘러가는 물을 바라보며 사색에 잠겨 있는 한 사람의 백의거사白衣居士를 그린 것이다. 그래서 '한일관수도閑日觀水圖'라고도 하는데, 인재仁齋 자신의 모습을 그림 속에 들어앉힌 것이라고 보아도 좋을 것이다.

그는 진주 사람으로 호를 인재仁齋라 썼고, 시 · 그림 · 글씨에 모두 뛰어났으며, 안견 · 최경과 더불어 삼절三絶이라 불렸다. 특히 어릴 적부터 그림에 뛰어났다고 하는데, 장성한 뒤에는 학문과 사색의 여가에 자신의 고졸한 인품이 배어난 문기 높은 그림을 즐겨 그렸다. 하지만 그림 그리는 것을 일종의 천기로 여기던 당시 사회 분위기의 영향으로 많이 그려서 남기기를 삼갔다고 한다. 특히 자신의 그림이 여기저기 퍼져서 알려지는 것을 주저했으므로, 오늘날 남아 있는 작품이 그리 많지 않다. 현재 남아 있는 작품은 '고사관수도高士觀水圖'를 비롯한 편화 몇 장이 있을 뿐이다. 그 가운데서 돋보이는 작품이 앞에서 말한 그림인데, 비록 소품에 해당하지만 그의 화격畵格을 분명하게 전해 주는 가작이라 할 만하다.

옛 그림을 통해 내 살아가는 모습을 돌아보게 된다.

뚜렷하게 하는 일도 없으면서 늘 바쁘게 살아간다. 이런 일 저런 일에 매달려 지내기 때문에 자연히 마음도 밖으로 나돌고 있다. 마음이 한가해지려면 물을 가까이 해야 하는데, 그런 여유를 갖지 못하고 있다. 지자요수智者樂水라고, 예부터 슬기로운 사람은 흐르는 물을 가까이하였다.

한가로움은 어디에 있는가. 바로 내 마음속에 있다. 밖이 소란해도 내 마음이 한가하면 그 시끄러움이 내 마음을 흔들지 못한다. 군중 속에 섞여 있어도 내 마음이 한가로우면 흔들림이 없다. 흔히들 번잡한 것을 피해 산이나 강가로 가지만, 마음에 한가로움이 없으면 깊은 산이나 들이라도 망상이나 잡념에 시달릴 뿐이다.

– 5월 2일 수요일 · 맑음

대구시공무원교육원에서 강의를 하였다.

'내 고장 역사 문화 바로 알기'를 주제로 삼았다. 꽤 긴 시간이었으나, 이제 갓 공직에 발을 들여놓은 젊은 사람들과의 대화가 참 진지했다.

공무원은 지역사회를 위해 봉사하는 사람들이다. 또한 지방행정에 관한 전문가이기도 하다. 하지만 바쁜 일선 행정을 담당하느라, 몸담아 살고 있는 고장의 역사와 문화에 대해 폭넓게 배울 기회가 없다. 더구나 요즈음 젊은 사람들은 역사나 문화 같은 데 별로 관심이 없다. 그래서 대구에 살면서도 대구를 잘 알지 못한다. 그렇지만 역사의식이 없으면 지역에 대한 자긍심이나 사명감도 떨어지게 마련이다.

그래서 고장에 대한 자긍심을 드높이고, 귀속감과 문화적 긍지를 가질 수 있도록 하는 데 중점을 두었다. 그와 함께 대구라는 도시가 지닌 무한한 잠재력을 일깨우고자 애썼다. 가급적 이야기를 쉽게 풀어나갔고, 그런 가운데 스스로 깨달을 수 있도록 주거니 받거니 하였다. 흔히들 역사 이야기는 어렵다고 생각하기 쉬우나 강의란 하기 나름이라는 생각에서, 무겁지 않도록 재미있게 진행하였다. 화기애애한 분위기 속에 많은 이야기를 주고받았다.

– 5월 4일 금요일 · 맑음

대구약령시 한방문화축제 현장을 다녀왔다.

올해의 주제가 '즐거운 동행, 건강한 소풍'이었다. 대구 약령시는 350여 년의 역사를 간직한 오래된 역사의 현장이지만, 그동안 시대적 변화를 견디어 내기가 벅차서 그 규모가 크게 위축되었다. 다행히 근자에 이르러 주변의 문화 관광자원과 한약 관련 행사를 하나로 묶어서 발전시킴으로써 지역의 대표적인 한의약 축제로 자리 매김하였다.

주제 공연 · 한약재 썰기 · 약첩 싸기 · 건강 상담 · 축하 공연 같은 다양한 프로그램이 시민들의 관심을 끌었다. 그와 함께 근대문화가 살아 있는 옛 골목을 두루 살펴보았다. 이제 대구의 '골목 답사'는 전국적으로 널리 알려져서 그동안의 노력이 헛되지 않았다는 자부심을 느낄 수 있었다.

나간 김에 국채보상운동 기념관을 돌아보았다. 대구의 국채보상운동은 1907년에 일어난 '외채 갚기 운동'이자 전국민이 참여한 우리나라 최초의 '시민운동'이었다. 또한 그 어려웠던 시절에 분연히 일어나 전국으로 불꽃이 확산된 한국 최초의 '기부운동'이기도 했다. 그 같은 차원에서 살펴보면 대구 사람들의 기개가 한층 돋보였을 뿐 아니라, 위대한 역사적 유산이기도 했다.

주변에 조성되어 있는 기념공원과 기념관이 한데 어우러져 돌아보기에 좋다. 전시실 · 영상실 · 수장고 · 전시물을 두루 살펴보았다. 더 많은 홍보와 다양한 프로그램을 개발하여 자랑스러운 문화공간으로 자리 잡을 수 있었으면 하는 생각이 들었다. 아울러 도심에 이만한 아름답고 의미 깊은 공간이 있다는 게 자랑스러웠다.

– 5월 9일 수요일 · 맑음

줄리언 반스Julian Barnes가 쓰고, 최세희가 우리말로 옮긴 소설 『예감은 틀리지 않는다』를 읽었다. 그는 '전후 영국이 낳은 가장 지성적이고 재기 넘치는 작가'라는 평가를 받고 있다. 원제는 'Sense Of An Ending'인데, 우리말로는 '결말의 느낌' 또는 '예감'쯤으로 해석해도 좋을 것이다. 그러나 이 제목 속에는 '예감은 틀릴 수 있다'라는 의미가 내포되어 있다.

한평생 아주 평범한 삶을 살았던 사람, 삶의 본연을 예감하지 못했던 사람의 이야기다. 하지만 이 작품에서 주목해야 할 것은 만만찮은 사유의 무게이다. 또한 반전에 반전을 거듭하는 구조와 탄력 있는 서사의 솜씨가 돋보인다. 그리고 인간의 조건과 자유에 대한 성찰을 유도하고 있다는 것도 빼놓을 수 없다. 무거운 주제에 비해 잘 읽혀지는 소설이다.

주인공인 토니는 젊은 시절, '역사는 승자들의 거짓말'이라고 하였다. 그러나 노년에 이르러 '역사는 살아남은 자, 대부분 승자도 패자도 아닌 이들의 회고에 가깝다'고 번복한다. 어쩌면 문학도 이와 비슷하지 않을까. 평범하고 어리석어 발언권을 얻지 못했던 이들, 그 같은 사람들의 삶을 허구라는 틀을 빌려 극명하게 드러내는 게 문학이 아닐까. 그러나 가장 중요한 것은 궁극의 휴머니즘으로 감싸는 게 아니겠는가?

– 5월 13일 일요일 · 맑음

서머싯 몸William Somerset Maugham이 쓰고, 송무가 우리말로 옮긴 소설 『달과 6펜스』를 읽었다. 먼저, 작가 특유의 단단한 문장에 호감이 간다. 이 소설이 프랑스의 후기 인상파 화가 폴 고갱Paul Gauguin을 모델로 했다는 것은 잘 알려져 있다. 그러나 『달과 6펜스』가 고갱의 이야기라고는 할 수 없다. 그것은 몸이 마음속에 품고 있던 예술가에 대한 비전을 고갱이라는 소재를 빌려 창조해 낸 이야기일 뿐이다.

'달'과 '6펜스'는 서로 다른 두 가지 세계를 가리킨다. 또는 사람을 지배할 수 있는 힘을 암시하기도 한다. 둘 다 둥글고 은빛으로 빛나지만 성질은 전혀 다르다.

달빛은 영혼을 설레게 하며, 삶의 비밀에 이르는 신비로운 통로로 사람을 유혹한다. 마음속 깊은 곳의 어두운 욕망을 건드려 걷잡을 수 없는 충동에 빠지게 한다. 그래서 달은 상상의 세계나 광적인 열정을 상징해 왔다. '6펜스'란 영국에서 가장 낮은 단위로 유통되었던 은화의 값이다. 이 은화의 빛은 둔중하며, 감촉은 차갑고 단단하지만, 그 가치는 하찮다. 달이 영혼과 관능의 세계, 또는 본원적 감성의 삶에 대한 지향을 암시한다면, 6펜스는 돈과 물질의 세계, 그리고 천박한 세속적 가치를 가리킨다. 그와 함께 사람을 문명과 인습에 묶어

두는 견고한 타성적 욕망을 암시한다.

『달과 6펜스』는 한 중년의 사내가 달빛 세계의 마력에 끌려 6펜스의 세계를 탈출하는 과정을 보여주는 이야기라고 할 수 있다. 수입 좋은 직업에 교양 있는 아내와 잘생긴 아들딸을 둔 화목한 중산층 집안의 가장이 왜 세상의 모든 안락과 명예를 버리고, 비참하고 고통스러워 보이는 대안의 삶을 선택했을까. 또한 그는 마침내 무엇을 얻었던 것일까?

그가 죽기 전에 오두막에 그린 그림은 인간이 볼 수 없는 어떤 거룩한 것을 그가 보았고, 그것을 인간의 매체로 표현해 내는 데 성공했음을 암시해 준다. 그리고 문둥병을 통해 그의 삶은 더 의미 있게 고양되고 완성되었다고 볼 수 있을 것이다. 어쨌든, 몸은 고갱의 낭만적 요소를 최대한 신비화해 놓았다. 그만큼 재미있게 읽을 수 있었다.

– 5월 20일 일요일 · 맑음

작가콜로퀴엄 주관으로 '원효의 발자취를 찾아서' 답사에 참여하였다.

원효元曉, 617~686의 출생지에서부터 주요 행적이 깃든 곳곳을 걸으며 이야기와 함께 두루 살펴보았다. 경산지역의 초개사~제석사~반용사~ 경주지역의 분황사~황룡사지~포항

지역의 오어사에 이르기까지 찬찬히 돌아보았다. 그 과정에서 원효는 성사聖師인가, 아니면 파계승破戒僧인가를 놓고 열띤 토론이 이어졌다. 또한 요석공주瑤石公主와의 사이에서 태어난 설총薛聰에 관해서도 이야기가 있었다. 그리고 뿌리 깊게 자리 잡고 있었던 신라의 골품제도에 대해서도 많은 이야기가 있었다. 참으로 유익한 답사였다.

– 5월 21일 월요일 · 맑음

북대구초등학교에서 대구의 역사 이야기에 대한 강의 요청이 있었다.

갈까 말까 생각하다가 가기로 하였다. 그에 따른 주제를 무엇으로 할까 고심하다가, '대구가 자랑스러운 이유'로 정하였다. 초등학생들에게 너무 무거운 주제는 도움이 되지 않을 것이라는 생각이 들었다. 그래서 우리가 몸담아 살고 있는 고장에 대한 애향심을 길러주는 게 좋겠다는 데 생각이 미쳤다. 대구가 자랑스러운 이유를 어떻게 설명할 수 있을까?

하나. 국채보상운동의 발상지

국채보상운동은 1907년 2월에 대구에서 시작된 국권 회복운동으로, 전 국민이 합심하여 일본이 강제로 떠맡긴 국채 1,300만 원을 갚아 경제적으로 독립할 것을 제안하였다. 서상

돈 · 김광제 · 박해령 등 16명이 조직한 국채보상기성회는 서울을 비롯한 전국 각지로 확대되었다.

특히 대한매일신보 · 황성신문 · 제국신문 · 만세보 등 언론기관이 모금에 적극 참여했으며, 이를 위해 단연운동이 전개되었고, 부녀자들은 비녀와 가락지 같은 패물을 팔아서 호응하였다. 이 같은 움직임은 마침내 전국으로 번져 서울의 진명부인회 · 대한부인회 등이 참여하여 적극적인 활동을 펼쳤다. 그리고 일본으로까지 번져 800여 명의 유학생들도 동참하였다.

그러나 일본의 갖은 압박과 제지로 더 이상 진전되지 못하고 좌절되고 말았다. 이 운동은 우리 민족의 강렬하고 자발적인 애국정신이 발휘된 운동으로 평가되고 있다.

둘. 독재정권을 무너뜨린 2 · 28 학생의거의 고장

2 · 28 학생의거는 1960년 2월 28일, 3 · 15 대통령 선거를 앞두고 자유당 독재에 항거하며 대구에서 일어난 학생들의 나라사랑운동이었으며, 뒷날 4 · 19 혁명의 도화선이 되었다.

1960년 2월 28일은 일요일이었다. 그날은 야당인 민주당의 정 · 부통령 후보자 장면 박사의 선거 유세가 계획되어 있었는데, 학생들이 유세장에 나가지 못하도록 등교하라고 지시하였다. 이에 반발한 학생 800여 명이 반월당을 거쳐 도청(지

금의 경상감영공원 자리)을 향해 행진하였으며,

> '백만 학도여, 피가 있거든 우리의 신성한 권리를 위하여 서슴지 말고 일어서라. 학도들의 피가 지금 이 순간에도 뛰놀고 있으며, 정의에 배반되는 불의를 쳐부수기 위해 이 목숨 다할 때까지 투쟁하는 것이 우리의 기백이며, 정의감에 입각한 이성의 호소인 것이다.'

라는 결의문을 학생 대표 이대우가 낭독하였다.

이 운동은 고등학교 학생들이 주체였고, 민주적인 절차에 의한 순수한 학생운동이었다. 그리고 경북고·경대사대부고·대구고·대구상고·대구농고·대구공고·경북여고·대구여고 학생들이 참여하였다.

셋. 우리나라를 대표하는 근·현대 예술가의 탄생지

우리나라를 대표하는 예술가들이 배출된 자랑스러운 고장이다.

시: 이상화·이장희, 소설: 현진건, 음악: 현제명·박태준, 서화: 서병오·서동균, 미술: 이인성, 영화: 이규환 등

넷. 원형이 잘 보전된 토성이 있는 고장

달성토성은 대구의 상징적 공간이자 우리나라에서 원형이 가장 잘 보전된 토성이다. 또한 이팝나무·말채나무·팽나

무·쉬나무 같은 향토수종의 보고이기도 하다.

달성토성은 삼국시대의 성곽으로, 높이는 일정하지 않으나 4미터 정도이며, 둘레는 1,300미터 정도이다. 성벽의 아랫부분에서 초기 철기시대의 조개더미와 각종 유물이 발견된 것으로 보아서, 대구지방의 중심 세력이 성장하여 초기 국가 형태를 이루면서 쌓은 것으로 생각된다. 또한 경주의 월성처럼 평지에 낮은 언덕을 이용하여 쌓은 것이 특징이다.

성벽은 주로 흙으로 쌓았고, 성벽 윗부분에는 큰 돌덩어리들이 군데군데 드러나 있어 후대에 수리한 것으로 보인다. 성 안에는 조선시대 전기까지 군대의 창고가 있었고, 우물과 연못이 있었다고 한다. 토성의 서남쪽으로 연결된 언덕에는 돌방무덤이 많이 흩어져 있고, 무덤에서 금동관을 비롯한 유물이 발견되었다.

조선시대에는 경상감영과 대구향교가 들어서 있었고, 해방 후에는 우리나라 최초의 '어린이헌장 비'가 세워졌으며, 이상화 시인의 시비를 비롯한 예술비 또는 기념비가 세워졌다. 그와 함께 동물원이 자리 잡고 있다.

다섯. 국내 최대의 고분군이 있는 고장

불로동에는 서기 4~5세기에 조성된 왕릉에 버금가는 고분 211기가 밀집해 있다. 무덤은 지름 15~20미터, 높이 4~7

미터 정도가 보통이다. 내부 구조는 냇돌 또는 깬돌로 네 벽을 쌓고, 판판하고 넓적한 돌로 뚜껑을 덮은 직사각형의 돌방이 있으며, 그 위에 자갈을 얹고 흙을 덮었다. 부장품으로 금제 또는 금동제 장신구와 철제무기 무늬를 새긴 토기 등 많은 출토물이 있다. 이 무덤들은 서기 5세기 전후, 삼국시대에 축조된 것으로 보여 지며, 이 지역 일대를 지배하고 있던 토착 지배세력의 집단 무덤으로 추측하고 있다.

이 무덤들은 위치가 언덕이란 점, 무덤 내부가 돌무지무덤과 비슷하게 깬돌로 지은 점, 그리고 돌방이 지나치게 가늘고 긴 점에서 낙동강 중류지역 계통임을 알게 해준다. 그러나 유물의 형태나 질이 신라와 유사하여 이 지역 세력의 복잡한 문화양상을 보여주기도 한다.

여섯. 초조대장경이 모셔진 고장

서기 1011년 고려 사람들의 정성으로 판각된 성보 초조대장경이 봉안되었다.

거란의 침입으로 개경이 함락되자, 이를 부처님의 힘으로 극복하고자 시작한 대장경의 조조는 만 18년이 걸렸다. 이것을 초조대장경初雕大藏經이라 하는데, 송나라 관판대장경의 내용과 체재를 토대로 하여 복각하였다. 그 뒤 초조본의 보완작업은 계속되었고, 그 판본은 처음에는 강화도 선원사禪源寺에,

나중에는 팔공산 부인사符仁寺에 봉안 보존되어 왔으나 몽고의 침입으로 불타버렸다. 그러나 인본印本의 일부가 일본의 대마도와 국내에 남아 있어서 초조대장경의 모습을 알 수 있다.

일곱. 천연기념물 제1호가 있는 고장

국보 제1호인 남대문, 보물 제1호인 동대문이 서울에 있다면, 우리나라 천연기념물 제1호는 대구에 있다. 도동에 있는 측백나무 숲이 바로 그것이다. 자연 유산으로서 가장 소중한 것이 대구에 있어서 자긍심을 느끼게 한다.

대구는 측백나무가 자생할 수 있는 남쪽 한계지역으로, 1,100여 그루가 절벽에 숲을 이루고 있다. 마치 빗자루를 세워둔 것처럼 늘어서 있는데, 절벽의 바위틈에 뿌리내리고 있어서 키가 작고 잔가지가 많다. 그때까지만 해도 측백나무는 중국에서만 자라고 있는 것으로 알려졌다. 그러나 조사 결과 우리나라의 단양·안동·울진 등지에도 자생하고 있는 것으로 확인되었으며, 모두 천연기념물로 지정되었다.

또한 절벽 앞으로 맑은 물이 흐르고, 숲이 울창해서 풍류객과 나그네들의 쉼터 역할을 하였다. 조선 초기 큰 선비 서거정 선생은 '대구십경' 가운데 '북벽향림北壁香林'이라 이름 붙여 지금껏 전해지고 있다.

– 5월 22일 화요일 · 맑음

이상화 문학제에 참석하였다. 해마다 이맘때 개최하는 행사로, 향토가 낳은 민족시인 이상화를 기리는 자리이다. 전국을 대상으로 시인들의 우수한 시집이나 작품을 가려 뽑아 상을 주는, 올해로 27회를 맞는 오래된 행사이다. 올해 수상자는 서울에서 활동하고 있는 권혁웅 시인이 시집 『소문들』로 상을 받았다. 이상화 시인의 옛집을 복원해 놓은 계산동 고택에서 조촐하지만 알찬 행사로 치러졌다.

아울러 풍물놀이 · 음악 · 무용 · 시 낭송이 어우러지는 축제였다. 지역의 문화 예술인들이 한 자리에 모여서 상화 시인을 기리고, 그의 정신을 본받자는 다짐을 하며 축제를 즐겼다. 저녁 무렵 도심에서 선선한 바람을 벗삼아 조촐한 행사를 가질 수 있고, 함께 즐길 수 있다는 것은 삶의 여유이자 멋이라는 생각이 들었다.

– 6월 1일 금요일 · 맑음

대구시립교향악단의 제387회 정기연주회에 갔다.

프로그램은 차이콥스키의 피아노 협주곡 제1번과 베르디의 레퀴엠 중 제1곡 · 제2곡으로 짜여 있었다. 지휘는 음악감독 겸 상임지휘자인 곽승이 맡았고, 피아노 협연은 한동일,

진혼곡의 협연은 이정아(S) · 김정화(A) · 하석배(T) · 김승철(B) · 대구시립합창단 · 부산시립합창단이 각각 맡았다.

차이콥스키의 피아노 협주곡은 세련된 화려함은 없으나 러시아풍의 주제를 사용하여 슬라브적인 중후함이 묻어나는 매력이 있다. 오랜만에 들어보는 한동일의 피아노가 참 아름다웠다. 그의 차이콥스키 해석은 정평이 나 있지만, 지휘자인 곽승과 동갑내기라는 각별한 인연 때문인지 오케스트라와 주거니 받거니 하는 모습이 한결 정겨워 보였고, 듣는 맛을 더해 주었다. 연주가 끝나고 나서 박수를 받으며 무대에 나와 얼싸안고 지난 시절을 회고하는 모습이 인상적이었다.

베르디의 레퀴엠은 오페라로 평가 받을 만큼 화려하고 드라마틱하다. 또한 가사를 통해 고통으로 괴로워하고 참회하는 인류의 모습을 극적으로 표현하는 데 중점을 두었다. 그래서 단순히 죽은 이들을 위로하는 미사곡이 아닌, 살아 있는 이들을 위한 경고의 메시지까지 함께 전하는 작품이다.

무대를 꽉 채운 300명 가까운 연주자들로 해서 중압감을 느꼈다. 거기다 협연자들의 열창과 합창단의 화음이 음악의 무게를 더해 주었다. 특히 전곡 가운데 가장 아름답다는 '눈물의 날'의 가슴 저린 진한 감동은 여운이 길게 남았다. 연주가 끝나자 한동안 뜨거운 박수가 이어졌다.

– 6월 3일 일요일 · 맑음

EBS에서 방영한 일요 시네마 '분노의 강Wild River'을 보았다. 엘리아 카잔Elia Kazan 감독이 1960년대에 만든 미국 영화로, 몽고메리 클리프트, 리 레믹, 그리고 조 반 프릿이 주연을 맡았다. 1960년 베를린영화제에서 금곰상을 수상한 괜찮은 영화였다.

줄거리는 1933년 대공황을 극복하기 위해 루즈벨트 대통령이 내놓은 뉴딜 정책과 연관이 있다. 그에 따라 '테네시 계곡 개발청'을 설립하고, 댐을 건설하기 위해 테네시 강 근처의 땅을 매입하는 과정에서 일어나는 사회적 문제들을 조명하고 있다. 다시 말해, 땅을 둘러싼 주변 인물들을 통해 당시 미국 사회의 갈등 관계를 여러 각도에서 조명하고 있다.

영화의 전반부는 정부와 농민들의 서로 다른 입장을 보여준다. 정부는 발전이라는 이유로 자연을 통제하려 드는 반면, 농민들은 피땀 흘려 일구고 가꾼 땅을 지키려고 애쓰는 모습을 중점적으로 보여준다. 이어서 토지를 매입하기 위해 정부에서 파견된 인물(몽고메리 클리프트)과 땅 주인의 손녀딸(리 레믹)의 관계, 그 땅에서 일하던 흑인들을 백인들과 동등한 조건으로 고용하려고 애쓰는 모습, 그를 반대하는 마을의 터줏대감이라 할 수 있는 백인들의 모습 쪽으로 비중이 옮겨간다. 그러다가 마침내 섬과 강은 노부인(조 반 프랏)만큼이나 소외된 존재가 되고 만다. 영화를 통해 개발과 보전이라는 문제를 다시 한 번 생각해 보았다.

– 6월 7일 목요일 · 맑음

대구근대역사아카데미에 나가서 강연을 하였다.

주제는 '대구 사람들의 멋과 풍류'로 정하였고, 대상은 대구의 향토사에 관심을 가진 사람들 100여 명이었다. 면면을 살펴보니 대학에서 정년으로 물러난 사람들, 교직에 몸담고 있는 사람들, 그밖에 중년 남녀들이었다.

멋이란 그 어느 것을 막론하고, 정해진 틀에서 약간 벗어나 파격적이어야 한다. 이를테면 똑바로 눌러 쓴 모자보다 조금 삐딱하게 쓴 것이 멋이다. 넥타이도 마찬가지다. 이것이 곧 벅찬 인생고의 탈출구요, 뚫고나갈 하나의 창문이기도 하다. 멋쟁이라 할 때 그 멋은 천박한 것이요, 멋지다 할 때 그 멋은 격格이 있는 것이며, 멋들어지다 할 때 그 멋은 흐뭇한 것이다. 그리고 풍류란 흐트러진 멋이 있는 것을 두고 이르는 말이다.

그 같은 맥락에서 이야기를 풀어나갔다. 보다 구체적으로 조선시대 대구 사람들의 멋과 풍류, 그 가운데서 서거정徐居正

이 쓴 대구십영大邱十詠에 얽힌 이야기, 대구삼절大邱三絶에 얽힌 이야기, 대구의 영화며 대중가요에 얽힌 이야기를 하였다. 그와 함께 노래를 부르고, 우스갯소리도 나누면서 서로 교감하는 데 중점을 두었다. 그러다 보니 예정된 3시간이 훌쩍 지나갔다. 마지막으로 아는 것은 좋아하는 것보다 못하고, 좋아하는 것은 즐기는 것보다 못하다는 공자의 말로 이야기를 마무리 지었다. 더불어 즐거웠다.

– 6월 10일 일요일 · 맑음

EBS에서 방영한 일요 시네마 '사랑의 기적Awakenings'을 보았다.

감독은 페니 마샬, 주연은 로버트 드니로, 로빈 윌리엄스, 줄리 카브너, 1990년에 제작된 미국 영화이다.

어릴 때 뇌염을 앓은 레너드(로버트 드니로)는 11살 때부터 손이 떨리는 증세가 나타났다. 학교를 그만두고 병원에서 살게 되었는데 정신은 잠들고 근육은 경직되었다. 그 병원에 의사 세이어 박사(로빈 윌리엄스)가 부임해 온다. 그는 공을 던지면 받아 내는 환자들을 보고, 내면은 아직 살아 있다고 확신한다. 그리하여 정신을 깨울 수 있는 길을 찾으려고 꾸준하게 애쓴다. 환자의 이름을 부르고, 음악을 들려주거나 인간적 접촉을 시도한다. 마침 그때 파킨슨병 환자에게 엘도파라는 신약이

효과가 있다는 발표를 듣고, 환자들에게 그 약물을 투여하는 임상실험을 하게 된다. 그러자 기적 같은 일이 일어난다. 환자들이 말을 하고, 글을 읽으며, 마음대로 움직이게 된다. 그러나 일시적 현상으로 그치고 만다. 실망하는 환자들과 그 가족에게 기적을 바라지 말고, 일상적 속에서의 꾸준한 관심과 사랑이 필요하다고 강조한다. 더욱이 지금과 같은 특이 증세를 가진 환자들에게는 그런 사소한 것들이 얼마나 소중한가를 일깨워 준다. 우리네 주변을 되돌아보게 하는 의미 있는 영화였고, 로버트 드니로의 연기가 돋보였다.

– 6월 20일 수요일 · 맑음

안동에 살고 있는 김연대 시인이 새로 펴낸 시집 『아지랑이 만지장서』를 보내왔다.

그는 대구에 살다가 고향인 안동으로 돌아간 지 3년쯤 되었다. 그의 귀향을 두고, 바깥 사람들은 무얼 하러 산골로 들어가느냐 하였고, 고향 사람들은 무얼 하러 산골로 들어오느냐고 하였다. 그 같은 이야기에 대해 '내가 무슨 큰 결심이라도 하듯 고향을 찾아온 게 아니라, 이웃집 큰 일에 자질구레한 부조를 주고 받으며 살아온 어머니 시대의 따뜻한 마음이 나를 부른 것'이라고 하였다. 그와 함께 대자연 속에 깊이 묻혀 있으니 자연과 더불어 유유자적하며 살아갈 수 있는 낙원이라는 생각이 든다 하였다. 또한 고향은 어머니의 다른 이름이며, 어머니는 고향의 다른 이름이 아니겠느냐고 되물었다. 그의 시집을 읽다가 코끝이 찡해지는 시 '아지랑이 만지장서'의 몇 줄을 옮겨 적는다.

(전략) 어매 지금 이 아들 하는 말 잘 들리제/ 아부지하고도 이제는 안 싸우제/ 같이 산이 된 마당에 싸울 일도 다 없어졌뿌렀제/ 아부지하고 싸울 때마다 절로 갈라던 생각/ 이제는 없제/ 무쇠 가마처럼 씌워진 굴레/ 이제는 다 끊어지고 없제/ 이고 진 짐도 아무것도 없제/ 비고 비어 허공처럼 되면/ 다른 가득한 게 있는 기라/ 과거 현재 미래도 아이라 카제/ 적멸 아이가/ 어매 있는 데가 거기 아이가.

– 7월 1일 일요일 · 맑음

이계진이 쓴 『산촌 일기』를 읽었다. 그는 한동안 잘나가던 사람이었다. 30년 넘게 유명 아나운서로 활동했었는가 하면, 국회의원으로도 활동했었다. 그런 그가 쉰이 넘은 나이에 느닷없이 산촌으로 들어가서 묵정밭을 매입해 집을 짓고 밭을 일구었다. 꽤 넓은 땅에다 채소며 꽃이며 나무를 심었고, 이웃과 더불어 살기 위해 몸과 마음을 아끼지 않았다. 그 과정에서 숱한 실수와 고생과 어려움도 겪었으나, 두려워하거나 원망하지 않는 가운데 15년의 세월을 잘 지내고 있다.

그의 말에 따르면, 혼자라면 처량하고 궁상맞을 것이라 했다. 그러나 가족이 있고, 친구가 있으며, 이웃이 있어서 즐겁다고 하였다. 그러면서 행복한 마음은 혼자서도 감당할 수 있지만, 슬픔과 어려움은 주변 사람들과 함께해야 감당할 수 있다고 하였다. 산촌에 들어가 산 지 15년이 흘렀지만, 그곳 삶에 대해 조금의 싫증이나 나태함을 보인 적이 없었다고 토로하고 있다.

그는 자신을 가리켜 인생 시계로 오후 6시를 넘어선 나이라고 하였다. 따라서 건강에 맞춰 연차적으로 경작지를 줄이고, 경작 규모도 대폭 줄일 것이라고 하였다. 자신이 감당할 수 있는 규모의 농사가 좋겠다는 생각 때문이라고 하였다. 그리하여 '비 오는 날의 오후 3시' 같은 여유와 낭만 속에서 삶의 기쁨을 느끼고, 상처받은 마음에 위안을 받을 수 있도록 열심히 살겠다며 다짐하고 있다. 낙엽 타는 냄새를 무척 좋아하는 아내와 모닥불 가에 앉아서 커피를 마시면서.

— 7월 4일 수요일 · 맑음

수전 케인Susan Cain이 쓰고, 김우열이 우리말로 옮긴 『콰이어트Quiet』를 읽었다.

저자는 미국에서 법학을 공부한 변호사였다. 그러나 내성적인 자신의 성격이 직업과 어울리지 않는다고 생각하였으며, 오랜 고심 끝에 작가의 길로 들어섰다. 이 책은 그의 은근과 끈기로 시작된 탐구의 산물이라 할 수 있는데, 산업사회의 과다 경쟁이 낳은 '외향성 이상주의'의 부작용과 그 해법을 제시하고 있다.

심리학의 연구 결과에 따르면, 두셋 가운데 하나는 내향적인 사람이라고 한다. 그들은 말하기보다는 듣기를, 파티보다는 독서를 좋아한다. 혁신과 창조에는 열광하지만 자기 자랑은 싫어한다. 여럿이서 함께 일하기보다는 혼자서 들앉아 고독한 작업을 즐긴다.

그러나 우리는 '외향성 이상주의'라는 신념 체계가 우세한 세상에 살고 있다. 여기서 떠받들어지는 사람은 사교적이고, 지배적이며, 스포트라이트에 익숙한 존재이다. 그들은 깊이 생각하기보다는 행동을, 의심보다는 확신을 좋아하고, 조심하기보다는 위험을 무릅쓴다.

반면에 내향성은 실망스러운 일 아니면 병적인 것 사이의 어딘가에 있다. 그러나 세상은 외향적인 사람을 선호하는데, 정작 세상을 바꾸는 것은 내향적인 사람이라고 주장한다. 실제로 역사상 위대한 통찰과 창의적인 아이디어를 이끌어낸 인물들은 조용하고 이지적인 사람들이었다고 말한다. 이를테면 간디, 아인슈타인, 고흐, 그리고 애플의 공동 창업자인 스티브 워즈니악 같은 사람들을 예로 들고 있다. 매우 유익하고, 지적이며, 깨달음을 주는 책이라 하겠다.

– 7월 8일 일요일 · 맑음

EBS에서 방영한 일요 시네마 '파워 오브 원The power of one'을 보았다.

감독은 존 · G · 아빌드센, 주연은 스티븐 도프, 가이 위처, 모간 프리먼, 1992년에 제작된 미국 영화였다. 줄거리는 남아프리카에서 태어난 영국인 피케이(가이 위처)는 어릴 때 부모를 잃고, 기숙학교에 보내진다. 학교 내에서 유일한 영국계 아이로, 독일계 아이들의 횡포를 견디다 못해 오줌싸개가 되지만, 줄루족 주술사로부터 용기를 배운다. 할아버지의 친구인 독일인 박사와 함께 지내면서 자연의 신비와 머리와 가슴을 쓰는 법을 배운다.

독일인이기 때문에 감옥에 갇히게 된 박사를 만나기 위해 감옥에 드나들다가, 흑인 기엘 피트(모간 프리먼)로부터 권투를 배운다. 또한 그들의 말을 배우고, 그들로부터 환영을 받는다.

그러다가 흑인들의 전설에 나오는 '비를 내리게 하고 갈등을 풀어주는 사람Rain maker'으로 불리게 된다.

줄루족 출신 기드온과 권투시합을 해서 이기고, 그 뒤 기드온과 가까이 지내게 된다. 피케이는 흑인들을 위한 야학을 개설하지만, 경찰의 압박과 훼방으로 좌절을 겪게 된다. 또한 그를 체포하기 위한 경찰의 습격에서 간신히 살아남은 피케이는 '물 한 방울의 힘'을 깨닫고, 아프리카의 미래를 위해 기드온과 함께 길을 떠난다.

아프리카의 인종 차별 정책과 제도에 도전하는 이야기다. 거대한 폭포를 보고 '물 한 방울의 힘'을 깨닫는다. 또한 '처음에는 머리로 이기고, 그 다음에는 가슴으로 이겨야 한다'는 교훈을 배운다. 그것은 곧 소통과 공감, 화합과 관용의 메시지이기도 하다. 감동적인 영화였다.

– 7월 27일 금요일 · 맑음

지구촌 최대의 스포츠 축제인 2012 런던올림픽의 개회식. 런던 동부 스트래트퍼트에 있는 올림픽 스타디움에서 열렸다. 이번 대회의 주제는 '경이로운 영국Isles of Wonder'인데, 유럽의 작은 섬나라 영국의 흥망성쇠와 새로운 미래를 표현하였으며, 총연출은 영화감독 대니 보일이 맡았다.

제30회를 맞는 이번 올림픽에는 205개 회원국에서 15,000여 명의 선수가 참가하였다. 전체 26개 종목에 302개의 금메달을 놓고 기량을 겨루게 되는데, 우리나라는 22개 종목에 245명의 선수가 출전하였다. 그리고 런던은 1908년, 1948년, 그리고 이번 대회까지 올림픽을 세 번 개최하는 첫 도시가 되었다.

우리는 광복 후 처음 태극기를 앞세우고 참가한 1948년 제14회 런던올림픽에서 동메달 두 개(복싱 한수안, 역도 김성집)을 따내 59개 참가국 가운데 32위였다. 당시 선수단의 공식 명칭은 '조선 올림픽 대표단'이었다. 일제 식민 통치에서 해방되었으나 대한민국 정부가 수립되기 전이었기 때문이다. 선수들은 돌아오는 길에 대한민국의 탄생 소식을 들었다. 그때 우리는 1인당 국민소득 75달러로 전 세계에서 가장 가난한 나라였다.

– 7월 30일 월요일 · 맑음

알베르 카뮈1913~1960가 쓴 『이방인』은 살아있는 고전이다. 그러나 읽기는 쉬워도 이해하기가 쉽지 않은 책이다. 전체적으로 살펴보면 18일이라는 짧은 시간 동안 벌어진 사건과 재판에 관한 이야기로 구성되어 있다. 그 1부는 엄마의 죽음에 시큰둥한 나, 장례 다음 날 치른 정사情事, 태양의 강렬한 빛에 자극을 받아 저지른 살인으로 구성되어 있다. 2부는 이처럼 즉흥적인 욕망과 행동에 대한 재판 과정으로 짜여 있다. 그러나 소설이 추구하는 본질에 다가가기 위해서는 몇 차례 거듭해서 읽으며 생각을 정리할 필요가 있다.

첫 번째 관문은 "오늘 엄마가 죽었다."로 시작되는 소설의 첫 문장에 있다. 뫼르소가 세상을 바라보는 시선과 의식, 사람들과 맺는 관계는 모두 무드[情調]와 관계가 있다. 다시 말해, 뫼르소가 늘 "그런 건 아무런 의미가 없다"고 중얼거리는 것처럼, '이방인'을 둘러싸고 있는 독특한 무드를 놓치면 이해는커녕 재미를 느낄 수 없다.

살다 보면 세상사 모든 게 시시해지고, 무의미하게 느껴지는 순간이 있다. 나를 중심으로 돌아가던 세상이 어느 순간 나와 분리된 채 아무렇지도 않게 돌아가고, 나는 그저 구경꾼인 양 나와 세계 속에 낯설게 놓여 있음을, 심지어 내 삶조차 내가 주인이 아니라는 사실을 섬뜩하게 깨닫는 순간이 있다. 이런 '말도 안 되는' 부조리한 인간 조건을 최초로 자각한 사람이 '이방인'의 주인공 뫼르소이다. 소설 본연의 임무는 새로운 인간형의 창조에 있다. 그런 의미에서 카뮈는 인류 역사상 한 번도 본 적이 없는 뫼르소라는 새로운 유형의 인간을 빚어낸 창조자이다.

두 번째 관문은 그의 문장이다. 카뮈는 미문美文의 작가로 정평이 나 있다. 세상의 가치, 미의 실현은 결국 문장에 달려 있다. 아무리 대단한 사상이나 혁명적인 인물을 제시하더라도 문장이 뒷받침되지 않으면 결국은 헛것이 되는 것이다. 뫼르소가 세상이 손가락질하는 패륜아에 그치지 않고 부조리한 현실에 저항하는 새로운 인간형으로 거듭난 데는 '인간이란 무엇인가?'라는 화두를 안고 바닥 끝까지 내려가 본 카뮈의 정제된 문장이 결정적이다.

까뮈는 부조리에 맞서 인간이 선택할 수 있는 것은 자살·희망·반항의 세 가지라 하였다. 그런데 자살은 부조리를 깨닫는 인간의 의식을 지워버리는 것이므로 옳지 못한 해결책이다. 희망은 흔히 종교의 형태를 취해 '지금-이곳'이 아닌 '피안彼岸'을 추구함으로 바람직하지 않다. 그래서 까뮈는 현실의 모순과 마주하면서 끊임없이 의식의 긴장을 통해 실존의 부조리에 반항하는 것이 가장 올바른 방법이라고 주장하였다.

그는 제2차 세계대전이 끝난 뒤 황량한 폐허에서 인간정신의 위기를 간파하였다. 또한 비합리성으로 가득 차 있는 세상의 '부조리'를 지적하였고, 그에 대한 해결책으로 '반항'을 제시하였다. 그의 주장은 독자들에게 큰 감동을 주었으며, 1957년 그의 문학적 공로를 인정하여 노벨문학상을 수여하였다.

– 8월 6일 월요일 · 맑음

팝페라 가수 사라 브라이트만Sarah Birghtman이 부른 '넬라 판타지아Nella Fantasia'를 영상물을 보면서 흥얼거렸다. 평소 좋아하는 노래인데, 특히 그 가사가 마음에 들어 우리말로 옮겨 적어본다.

> 나는 환상 속에서 모두들/ 정직하고 평화롭게 사는 세상을 봅니다/ 나는 떠다니는 구름처럼/ 항상 자유로운 영혼을 꿈꿉니다/ 깊은 곳까지 박애로 충만한 영혼을/ 나는 환상 속에서 밤조차도 / 어둡지 않은 밝은 세상을 봅니다/ 나는 저 떠다니는 구름처럼/ 항상 자유로운 영혼을 꿈꿉니다/ 영혼 깊은 곳까지 박애로 충만한 영혼을/ 환상에서는 친구처럼 편안하고/ 따뜻한 바람이 불어옵니다/ 나는 저 떠다니는 구름처럼/ 항상 자유로운 영혼을 꿈꿉니다/ 영혼의 깊은 곳에 있는 풍부한 부드러운 마음씨/

이탈리아 사람 엔니오 모리꼬네가 작곡하였다. 그는 500여 편이 넘는 영화 음악을 작곡하였는데, 삶과 죽음, 우정과 사랑, 그리고 전설이 살아 숨 쉬고 있다. 이 노래는 처음 영화 '미션'의 사운드 트랙 '가브리엘의 오보에'를 원곡으로 하고 있다. 그런데 팝페라 가수 사라 브라이트만이 이 곡을 듣고 반하여, 작곡가에게 노랫말을 붙여서 불러도 되겠느냐고 요청하였으나 거절당했다. 그러자 2년 동안 2개월에 한 번씩 편지를 써서 기어이 허락을 받아냈다는 일화가 있고, 지금은 팝페라 가수들이 즐겨 부르는 레퍼토리가 되었다. 참 좋은 노래이다.

– 8월 11일 토요일 · 맑음

수성아트피아에서 연극 '복사꽃 지면 송화 날리고'를 보았다. 손기호가 쓰고 연출한 작품인데, 박용수를 비롯한 여섯 사람의 배우들이 등장한다. 연극은 가장 가깝지만 결국 타인일 수밖에 없는 부부를 모티브로 삼는다. 문학적인 바탕 위에 일상의 소소한 재미로 극적인 집중력과 긴장감을 놓치지 않는다.

줄거리는 경주 외곽에 50년을 함께 산 어울리지 않는 노부부가, 이웃에 사는 더 어울리지 않는 서면댁 부부와 함께 일상의 삶을 살고 있다. 어느 날 이혼을 앞둔 노부부의 아들이 찾아온다. 그 아들은 죽음을 기다리는 자신의 할머니와 부모, 그리고 서면댁 부부의 삶을 지켜본다. 그러면서 자신을 돌아보고 인연을 생각하게 된다.

유쾌한 웃음과 예상치 못한 반전의 묘미, 그리고 삶이란 깊이의 확장으로 이어지는 끝맺음이 감동을 안겨준다. 모처럼 아내와 함께 저녁 시간을 흐뭇한 마음으로 보냈다.

– 8월 12일 일요일 · 맑음

2012 런던올림픽이 막을 내렸다. 우리는 금메달 13개, 은메달 8개, 동메달 7개로 종합 5위(전체 메달수로는 9위)의 성적을 거두었다. 온갖 어려움을 딛고 오늘의 성취를 이룩한 대한민국의 역사를 떠올리게 하는 쾌거이기에 더욱 대견스럽다.

이번 올림픽에서 선수들은 메달 수뿐 아니라, 경기 내용면에서도 대한민국의 달라진 모습을 보여주었다. 펜싱 · 사격 등 한국 스포츠의 불모지였던 종목에서 많은 메달을 따 세계를 놀라게 했다. 체조에서 양학선은 자신만이 구사할 수 있는 '양학선'이라는 신기술로 사상 첫 금메달을 차지했다. 리듬체조의 요정 손연재는 사상 처음으로 결선에 진출하여 5위를 기록했다. 우리 젊은이들은 실패할까 두려워하지 않고 새로운 분야에 도전해 빛나는 결실을 이뤄내었다.

또한 메달을 따면 기뻐서 울고, 메달을 놓치면 아쉬워서 울던 과거와는 다른 모습을 보여주었다. 승패에 일희일비하지 않았다. 그들의 의젓한 모습을 보며 우리의 또 다른 가능성을 보았다. 아무튼 런던올림픽의 추억은 전 세계와 어깨를 겨루며 앞으로 나아가는 데 더없는 힘이 될 것이다.

그리고 한층 성숙된 국민들의 모습도 인상적이었다. 메달의 색깔을 떠나 최선을 다하는 선수들의 열정에 박수를 보내는가 하면, 메달을 따지 못한 선수들에게도 위로와 격려의 박수를 아끼지 않았다. 나 또한 텔레비전과 마주하며 가슴 뭉클한 감동을 맛보았고, 때로는 짠한 마음으로 아쉬움을 달래기도 했다. 무더위를 잊게 해준 즐거운 나날이었다.

– 8월 14일 화요일 · 맑음

대구문화예술회관에서 석재 서병오 서화전이 열렸다.

올해는 그의 탄생 150주년을 기념하는 의미가 있다. 그래서 학술 세미나와 전시회, 그리고 그를 기리는 현역 작가들의 전시회도 함께 열렸다. 지인들과 함께 전시회를 둘러보았다. 먼저 석재의 작품들을 보았고, 아울러 참여 작가들의 작품들도 살펴보았다.

석재石齋 서병오徐丙五, 1862~1936는 교남시서화연구회嶠南詩書畫研究會를 창립한 서화가이자 풍류객이었다. 조선 철종 13년 대구 갑부 서상민徐相敏의 아들로 태어났으며, 어려서부터 비범해서 신동으로 널리 알려졌다. 그 같은 재능을 바탕으로 당시 영남의 문장가요 유학자인 방산舫山 허훈許薰과 면우俛宇 곽종석郭鍾錫의 문하에서 배웠다. 그의 부친은 아들이 공부에 열중할 수 있도록 일찌감치 동화사로 유학을 보냈고, 당시 명필로 이름난 팔하八下 서석지徐錫止, 1826~1906에게 강평을 받으며 글씨를 연마하였으며, 행여 태만할까 염려하며 공부한 것을 날마다 화선지에 적어 보내도록 다그쳤다는 일화가 있다.

그는 구한말과 일제시대에 숱한 일화를 남긴 팔방미인이었다. 만석꾼의 자제로 시詩·서書·화畵·문文·금琴·기碁·박博·의醫에 능해 팔능거사八能居士라 불렸으며, 그 가운데서 시詩가 가장 뛰어났다고 한다. 그 같은 다재다능함은 널리 알려졌으며, 당시 실권자였던 흥선대원군이 그의 뛰어남을 듣고 불러들여 아끼었다고 한다. 그 같은 인연으로 대원군으로부터 석재石齋라는 호를 받았는데, '돌로 지은 집이라는 뜻으로, 우리나라에서는 너의 재능을 깨뜨릴 사람이 없을 것'이라는 의미를 담고 있다.

그는 당대 최고의 문사들을 통해 안목을 넓힐 수 있었다. 소년 시절에는 추사秋史 김정희金正喜, 1786~1856와 흥선대원군 이하응李昰應, 1820~1898의 영향을 받았고, 30대 후반부터 중국에 머물면서 그곳의 석학들과 사귀었으며, 안진경·동기창·소식·오창석 같은 대가들의 영향을 많이 받았다. 하지만 어느 한 계파에 치우치지 않는 독특한 서풍을 이루었고, 만년에 이르기까지 추사의 세계에 몰입하여 작품 속에 그의 흔적을 남겼으며, 문인화文人畵는 한결 유연하고 소박해서 절찬을 받았다.

그리고 항일구국을 위해 적지 않은 활동을 하였다. 예컨대 국채보상운동에 참여하였고, 항일독립투사들을 직·간접으로 도왔으며, 의병대장 왕산 허위許蔿 선생을 자신의 집에 숨겨주었다가 조사를 받기도 하였다. 옷도 평생 한복만을 입었고, 일본어에 능통했지만 항상 통역을 활용하였다. 한번은 친일파의 앞잡이였던 박중양 관찰사가 그림 한 폭을 청하자 "당신 같은 사람은 그림 한 폭 정도야 이름난 일본화가에게 얼마든지 받을 수 있을 터인데 하필이면 여기 와서 받으려고 하느냐"며 거절하였다는 일화가 있다.

- 8월 18일 토요일 · 맑음

무더위가 인내심을 시험하는 것 같다. 이럴 땐 들앉아서 책과 더불어 지내는 게 좋다.

최재천이 쓴 『최재천 스타일』이 새로 나왔다. 그는 자연과학자지만 시인의 감성을 지닌 사람이다. 글을 아주 맛깔스럽게 쓰는 사람으로 널리 알려진 '예외적인 지식인'인데, 그의 예외성은 '학문'과 '생활'의 자연스런 공존에서 더 두드러진다. 예컨대 '앎과 삶이 하나 되는 생활'을 실천하는 우리 시대의 흔치 않은 학자이기도 하다. 오래도록 기억해 두고 싶은 그의 이야기를 옮겨 적는다.

– 교회에서 진화 이야기가 나오면 반응이 대충 세 종류이다. 첫 번째는 안됐다는 반응. "어쩌다가 그런 걸, 천당 가기는 그르셨네요."라는 동정이고, 두 번째는 "언젠가는 영접을 하셔야죠."라는 반응. 세 번째는 "이런 이상한 게 교회에 왜 왔나."라는 적대적 반응이다. 21세기에는 과학과 종교가 함께 가야 한다. 그래서 나는 계속 종교에도 귀를 기울인다.

– 아내와 나는 서로 다른 의견을 가졌더라도 끊임없이 대화하며 살아왔다. 우리의 대화는 거의 언제나 상반된 시각에서 출발한다. 우리는 무척 다른 사람이다. 하지만 다르다고 해서 대화를 그쳐본 적은 없다. 어쩌면 둘이 많이 다르기에 서로에게 자극이 되는지도 모른다. 그러고 보면 우리는 부부라기보다는 가장 친한 친구이며 학문의 귀한 동반자이다.

– '모르는 게 약'인 시절은 지났다. 당연히 아는 것이 힘이다. 알아야 먹고살 수 있을 뿐 아니라, 알아야 오래 살 수 있다. 그리고 늘 떠들고 다니는 말이지만, 알아야 사랑도 할 수 있다.

– 얻기는 쉬우나 버리기는 어려운 것이 편견이다.

– 지구에서 무게로 볼 때 가장 성공한 생물 집단이 식물들이다. 그 가운데서도 꽃을 피우는 식물, 즉 현화식물이다. 이 세상 동물들을 다 한데 모아도 현화식물의 무게에 비하면 그야말로 새 발의 피다. 그렇다면 숫자로 가장 성공한 생물 집단은 무엇일까. 곤충이다. 이 두 생물 집단은 '너 죽고 나 살자'식으

로 물어뜯어서 성공한 것이 아니다. 꽃가루받이를 통해 서로 손을 잡았기 때문에 화려하게 성공한 것이다. 공생이 경쟁을 이기는 가장 현명한 길이라는 걸 우리는 이제 다 안다.

– 우리 인간은 무려 5,000종의 생물을 먹는다고 한다. 그런가 하면 우리 인간을 먹고 사는 생물이 자그마치 1,000종으로 조사되었다. 인간을 중심으로 먹이그물을 그려보면 적어도 6,000종의 생물이 서로 얽혀 사는 것을 알 수 있다. 또 그 많은 생물은 제가끔 물이나 공기 또는 다른 물질과 복잡한 관계를 맺고 살아간다.

– 왜, 부자보다 가난한 사람이 자기보다 더 가난한 사람을 돕는지, 그 이유가 궁금하다.

– '소비가 미덕'이라는 말이 있다. 하지만 무조건 소비를 많이 하는 것이 미덕인 시대는 지났다. 여전히 소비가 미덕일지 모른다. 그러나 이제는 현명한 소비, 사려 깊은 소비가 미덕인 시대가 되었다. 지금처럼 잔뜩 만들어 흥청망청 쓰다가 아무렇게나 버리는 소비 행태를 유지한다면 지구가 몇 개 더 있어도 모자란다.

– 나는 상상력이란 속성이 예술을 포함하는 넓은 의미의 인문학자들만의 전유물인 것처럼 이해되는 구도에 찬성할 수 없다. 자연과학자들도 늘 상상의 나래를 펄럭이며 사는 사람들이다. 과학도 시 못지않게 아름다워야 한다.

– 지금 우리 시대를 '혼화混和의 시대'라 할 수 있다. 모든 게 서로 섞이는 시대이다. 섞임을 두려워하지 말자. 섞으면 건강하고, 아름답고, 순수해진다.

– 8월 21일 화요일 · 맑음

봉산문화회관 전시실에서 '아름다운 대구'라는 주제로 이종주 서양화전이 열렸다.

그는 전업작가가 아니다. 오랜 공직생활에서 물러난 뒤 서양화가 곽동효의 지도를 받으며 그림 공부를 시작하였다. 그동안 열심히 습작기를 거쳤고, 지금은 전시회를 열 만한 수준에 이르렀다.

전시회에 내놓은 작품들을 살펴보니 상당한 수준이었다. 그는 전시의 변으로 '자랄 때 멱을 감으며 놀던 용두방천, 잠자리를 잡으려 다니던 수성못, 그리고 도시화로 해서 사라져가는 대구의 모습을 오랫동안 간직하고 싶어서' 그린 것들이라고 하였다.

그는 다재다능한 사람이다. 서예를 하고, 도자기를 만들며, 스포츠에도 남다른 열정을 가졌다. 거기다 이제는 서양화까지 넘나들고 있다. 그런가 하면 공직생활도 화려하였다. 정부에서 실시한 공채를 통해 대구시에서 하급 공무원으로 출발하였다. 중간 관리자와 경상북도의 시장을 몇 자리 거쳤으며, 마지막으로 대구광역시장까지 지냈으니 가히 입지전적인 인물이라 할 수 있다.

흔히들 고위 공직에서 물러나면 현실에 적응하지 못해 고생한다. 하지만 그는 집에 들앉아 있을 짬이 없는 사람이다. 수더분한 성품으로 해서 누구와도 잘 어울리고, 다양한 계층의 지인들이 많아 시간이 모자랄 정도이다. 전시장에 모인 사람들을 돌아보니 줄잡아서 200명이 넘었다. 면면을 살펴보니 대학총장 · 전직 장관 · 도지사 · 시장 · 예술가 · 지역의 친구들……. 나 또한 가까이 지내는 사이라서 축하의 뜻으로 화환을 하나 보태었다.

– 8월 30일 목요일 · 비

영국의 런던 올림픽 스타디움에서 '2012 런던 패럴올림픽' 개막식이 열렸다. 그 자리에서 영국이 낳은 세계적인 물리학자 스티븐 호킹(70) 박사가 짤막한 축사를 하였다.

"문명이 시작된 이래 인간은 우주의 근본 질서를 이해하고자 갈망해 왔다. 왜 그것은 그런 상태에 있으며, 도대체 왜 존재하는가에 관한 것이다." 이어서 "우리는 모두 다르다. '표준적인 인간'이나 '평범한 인간'이란 존재하지 않는다. 그러나 우리는 공통적으로 창의적인 능력을 지니고 있다. 삶이 아무리 힘들더라도 모든 사람에겐 특별한 성취를 이루어낼 힘이 있다."

그는 스물한 살 때 근육이 위축되는 루게릭병 진단을 받은 뒤 마비가 진행돼 몸의 거의 모든 부분을 움직일 수 없는 형편이다. 그럼에도 불구하고 특수 휠체어를 타고 대중 앞에 모습을 드러낸 것은 극히 이례적이다. 그래서 세계가 감동하고 있다. 그는 '아이슈타인 이후 최고의 이론 물리학자라는 영예'와 '손가락조차 움직이지 못하는 좌절'을 함께 안고 살아왔다.

* 2012. 9. 10 막을 내렸다. 우리나라는 금메달 9, 은메달 9, 동메달 9개로 종합 12위에 올랐고, 중국이 종합 우승을 차지하였다.

– 9월 3일 일요일 · 맑음

EBS에서 방영한 일요 시네마 '러브 어페어Love affairr'를 보았다.

레오 맥커리 감독이 캐리 그랜트와 데보라 카를 주인공으로 삼아 1957년에 만든 영화인데, 운명적인 사랑을 주제로 한 로맨틱 영화이다.

두 사람은 호화 유람선에서 만난다. 니키(캐리 그랜트)는 실패한 화가, 테리(데보라 카)는 나이트클럽 가수였다. 두 사람 다 결혼을 약속한 사람(돈 많은 사람들)이 있었기에, 처음엔 자신의 감정을 속일 수밖에 없었다. 하지만 결국 두 사람은 서로의 순수한 사랑을 확인하고, 지금의 상황이 정리되면 엠파이어스테이트 빌딩 꼭대기에서 다시 만나 결혼하기로 약속한다.

니키는 다시 그림을 그리고, 테리 또한 나이트클럽에서 가수로 일한다. 마침내 약속한 그날, 니키가 먼저 엠파이어빌딩에 나온다. 그러나 들뜬 마음으로 그에게 달려가던 테리는 자동차 사고를 당해 걸을 수 없게 된다. 자정까지 기다리던 니키는 바람맞은 것이라 생각하고, 다시 냉소적인 사랑으로 돌아간다. 한편 테리는 자신의 상황을 알릴 수 없어 혼자서 극복하려고 노력한다. 그러다가 어렵게 재회에 성공하게 되고, 그동안의 진실을 알게 된다. 그 자리에서 테리는 "당신이 다시 그림을 그릴 수 있다면, 나도 다시 걸을 수 있어요" 하면서 뜨겁게 포옹한다. 마지막 장면이 코끝을 찡하게 만든다.

영화를 빛내 준 주제곡 'Affair to remember'는 헤리 워렌이 작곡하였고, 감독인 레오 맥커리가 가사를 붙였다. 영화 속에서는 할머니의 피아노 반주에 맞춰 테리가 불렀지만, 실제로는 가수 마니 닉슨의 목소리를 더빙하였다. 또한 1994년에는 글렌 고든 카슨 감독이 워렌 비티와 아네트 베닝을 주인공으로 하여 'Love affairr to remember'를 다시 만들어 많은 사랑을 받기도 하였다.

– 9월 8일 토요일 · 맑음

송호근 교수가 쓴 『이분법 사회를 넘어서』를 읽었다.

어떻게 보면 우리 사회에 시비를 거는 책이라 할 수 있겠다. 고질적인 소통 장애 문제와 함께 대선의 최대 이슈인 복지와 경제 민주화를 집중 거론하고 있기 때문이다. 몇 가지 인상적인 담론을 그대로 옮겨 적는다.

복지 담론이 길을 잘못 들었다고 지적하고 있다. 좌파는 보편적 복지, 우파는 선별적 복지를 주장하고 있다. 그러나 출발점이 틀렸다. 과거엔 복지가 기피 대상이었지만, 이제는 권리로 인식한다. 맞는 흐름이다. 하지만 복지에는 책임과 비용 부담이 따른다. 또한 우리 복지제도는 처음부터 경쟁력 있는 사람을 보호하는 데서 출발해서 없는 사람으로 가는 역진적 구조로 설계되어 있다. 복지재정 때문이다. 그런데도 지금의 담론은 핵심인 재정문제는 밀려나고, '없는 사람에게 어떻게 주느냐'로 논의되고 있다. 그리고 복지를 경제 성장 엔진으로 연결하지 않은 무상복지론은 위험하다.

'일자리 정치'가 그 열쇠라 하겠다. 우리 복지제도, 특히 사회보험은 일자리를 전제로 한다. 고용이 없으면 복지도 없다. 그런데도 정치권은 수혜 프로그램 다발 경쟁을 벌이고 있다. 난개발이다. 국민은 기대감에 들뜨고 동원된다. 이래선 곤란하다. 정치권은 '복지 = 기업경쟁력 강화 = 고용 안정' 등식을 실현하는 시스템을 개발해야 한다. 고용 창출 주역은 정부가 아닌 기업이다. 일자리 만들기는 대자본 성장정책과 맞물릴 수밖에 없다. 독일과 스웨덴의 경우 자본에 자유를 보장하되 일자리 창출과 세금을 부담시키는 '경쟁적 복지 체제'로 위기를 돌파했다.

세계화나 신자유주의는 숙명이다. 세계화는 시장개방 촉진 → 양극화 → 분배구조 악화를 낳는다. 세계화의 여파를 어떻게 상쇄할지가 복지정책에 달렸다. 오늘날 신자유주의는 '공공의 적'이지만, 신자유주의는 숙명이기도 하다. 우리가 세계의 흐름을 좌우할 수 없는 한, 고립되어서 살 수 없다. 어떻게 적응할 것인가가 문제이다.

민주화는 세 단계를 거친다. 정치 민주화, 사회 민주화, 경제 민주화. 정치 민주화의 핵심은 정치 영역에서 '경쟁과 참여' 촉진이고, 사회 민주화의 핵심은 '기회균등'의 촉진과 '소비 불평등' 축소이며, 경제 민주화의 핵심은 '거대 자본의 과잉 권력 통제' 또는 '파행적 시장지배 금지'이다. 민주주의로 이행한 국가들은 이 세 단계를 차근차근 밟아나간다.

경제 민주화를 전제하지 않고 사회 민주화는 어렵고, 사회 민주화가 안 된 상태에서 경제 민주화는 의미가 없다. 여기에서 재벌과 대기업은 일종의 전초 기지다. 외부적으로는 경쟁력을 높여 방화벽을 쌓고, 내부적으로는 노사 타협과 복지를 통해 생산성 향상을 꾀하는 완충기 역할을 해야 한다. 그리고 경제 민주화, 즉 자본에 대한 사회적 통제는 생각만큼 쉽지 않고, 자칫 하면 경기침체를 초래할 수 있기에 신중을 기해야 할 사안이다.

오늘 우리의 시세時勢와 처지處地가 어떠한가를 차근차근 살펴보게 한다. 또한 앞으로 맞닥뜨려야 할 문제들에 대한 방향을 제시하는 담론이기도 하다. 때문에, 한 번 읽고 덮을 책이 아니라는 생각을 하게 되었다.

그는 정치와 경제, 사회를 넘나드는 넓은 안목과 정교한 분석으로 국내외에 널리 알려진 사회학자이자 칼럼니스트이다. 냉철한 사고와 따뜻한 가슴을 지닌 문필가로, 날카로운 현실 인식과 감성적 언어가 버무려진 칼럼을 쓰고 있다. 책을 읽으면서 다시 한 번 그런 생각을 하였다.

– 9월 10일 월요일 · 맑음

대구시공무원교육원에서 강의를 하였다. '대구 사람들의 멋과 풍류'를 주제로 삼았다.

대구라는 도시는 독특한 지형으로 해서 사람들의 성정이 조금 투박스럽다. 하지만 특유의 멋과 풍류를 즐기며 살았다. 조선시대에는 '금호강 뱃놀이'를 비롯한 10개소의 아름답고 운치 있는 명소가 있었고, 그런 곳을 찾아다니며 멋과 풍류를 즐겼으며, 서거정은 '대구십영大邱十詠'이라는 글을 남겼다. 세월의 흐름에 따라 사람살이에도 많은 변화가 있었다.

근대에 이르러 영화·대중가요·고전음악이 사람살이를 넉넉하게 하였다. 또한 문화 예술인들의 활동이 빛을 발하며 멋과 풍류로 한결 즐거웠다. 심지어 6·25전쟁의 소용돌이 가운데서도 숱한 대중가요가 만들어졌고, 영화가 제작되었으며, 고전음악 감상실이 자리를 잡았다. 아울러 피란 내려온 문화 예술인들과 더불어 전쟁의 울울한 심사를 달래며 울고 웃었다.

세상에는 머리로 살아가는 사람들이 있는가 하면, 가슴으로 살아가는 사람들도 있다. 머리로 살아가는 사람들을 이성적이라 한다면, 가슴으로 살아가는 사람들을 감성적이라 할 수 있다. 멋이나 풍류는 가슴으로 살아가는 사람들이 더 가까이에 있다고 할 수 있다. 그런데, 공직생활을 하다 보면 무늬 없는 일상이 되기 십상이다. 보다 넉넉한 삶을 위해 자기 나름의 멋과 풍류를 즐기는 게 좋다고 권고하였다.

– 9월 14일 금요일 · 맑음

대구시립교향악단의 제388회 정기연주회에 갔다.

프로그램은 로시니G. Rossini, 1792~1868의 오페라 '도둑까치' 서곡, 멘델스존F. Mendelssohn, 1809~1847의 바이올린 협주곡 작품. 64, 브람스J. Brahms, 1833~1897의 교향곡 제1번 작품. 68로 짜여 있었다. 지휘는 음악감독 겸 상임지휘자인 곽승이 맡았고, 바이올린 협연은 클라라 주미 강이 맡았다.

지휘자 곽승은 균형 잡힌 연주를 통해 작품성을 진지하게 파고드는 지휘자로 정평이 나 있다. 그의 열정에 힘입어 대구시향의 수준이 크게 향상되었다는 평가를 받고 있다. 그리고 바이올리니스트 클라라 주미 강은 독일에서 공부하였고, 세계 유수의 콩쿠르에 입상한 '떠오르는 별' 같은 신예 연주자이다.

로시니의 '도둑까치' 서곡은 활발한 타악기의 연주가 화려한 분위기를 연출하였다. 멘델스존의 바이올린 협주곡은 전체적으로 '슬픈 미소' 같은 악상을 잘 그려냈고, 특히 제2악장은 느린 악장(안단테)으로 감미롭고 서정적인 분위기를 지니고 있는데, 바이올린과 오보에가 장중한 느낌의 중간부를 맛깔스럽게 연주하였다. 그리고 브람스의 교향곡은 제3악장이 인상적이었으며, 관악기와 현악기가 주거니 받거니 하는 호흡이 좋았다. 전체적으로 치열한 인간적 투쟁과 번민, 고통과 체념, 극복과 환희 같은 악상을 잘 표현하였다. 시종 즐거웠고, 아낌없는 박수로 화답하였다.

– 9월 18일 화요일 · 맑음

남이섬에 가곡 '동무생각'의 노래비를 세우려고 하는데, 그에 따른 안내문을 써달라는 청탁이 있었다. 쉽고 간결하며 아름다운 문장으로 다듬어 보려고 애썼다.

<청라언덕과 가곡 '동무생각'>

청라언덕, 대구 중구 동산동의 야트막한 언덕 위에 있는 서양식 붉은 벽돌집들을 푸른 담쟁이덩굴이 휘감고 있는 데 연유해서 예부터 그렇게 불렀다. 대구에서 태어나고 자란 박태준朴泰俊, 1900~1986이 곡을 만들고 노산 이은상李殷相, 1903~1982이 노랫말을 지은 가곡 '동무생각[思友]'의 산실이기도 하다.

박태준이 계성학교에 다닐 적에 신명학교의 한 여학생을 흠모하였으나 마음을 전하지 못한 채 언덕을 지나다니며 먼발치에서 바라보기만 하였다. 졸업 후 한참 뒤 어느 바닷가에서 지난날을 떠올리며 가슴속에 묻어두었던 그리움을 오선지에 담았다. 거기다 시조시인 이은상이 그 소녀를 한 송이 백합화에 비유하는 노랫말을 붙임으로써 아름다운 가곡 '동무생각'이 만들어졌다.

청라언덕, 박태준의 학창시절 꿈과 추억이 서린 곳, '2012 한국 관광의 별' '한국인이 가봐야 할 아흔아홉 곳' 가운데 하나로 선정된 명소, 대구 근대골목을 찾으면 만날 수 있다.

– 10월 12일 금요일 · 맑음

대구시립교향악단의 제389회 정기연주회에 갔다.

지휘는 곽승 음악감독 겸 상임지휘자가 맡았다. 그는 대구시립교향악단의 수준을 한 단계 끌어올렸다는 평가를 받고 있다. 프로그램은 슈베르트의 극음악 '로자문데Rosamunde' 가운데 제3막 간주곡/ 거슈윈의 피아노 협주곡 F 장조(피아노 김용배)/ 랩소디 인 블루(Rhapsody in Blue, 피아노 김용배)/ 파리의 미국인(An American in Paris)으로 짜여 있었다.

거슈윈George Gershwin, 1898~1937은 미국 현대음악의 선구자로 평가 받고 있다. 20세기 이전까지 미국은 클래식 음악의 불모지에 가까웠고, 유럽의 클래식 음악에 대한 열등감과 부러움을 동시에 가지고 있었다. 그러다가 거슈윈의 등장으로 클래식과 대중음악의 결합을 통한 미국적인 클래식 음악들이 탄생되었다.

극음악 '로자문데'의 간주곡은 매혹적인 우아함과 간드러진 목관악기의 연주가 무척 아름다웠다.

거슈윈의 '피아노 협주곡'은 그의 유일한 협주곡이다. 그의 음악은 재즈를 기초로 하고 있는데, 세련되고 생생한 선율, 적당한 스윙을 가진 리듬, 매혹적인 화성 등 미국 현대음악의 뛰어난 세련미를 보여주고 있다. 피아노와 오케스트라가 주거니 받거니 하는 가운데 열기가 후끈 달아올랐다. 김용배의 호쾌한 타건과 섬세한 서정의 표현이 인상적이었다. 특히 블루스 풍으로 구성된 제2악장의 연주가 좋았다. 연주가 끝나자, 협연자와 오케스트라를 향해 오랫동안 뜨거운 박수가 이어졌다.

'랩소디 인 블루'는 거슈윈을 일약 유명 작곡가로 만들었다. '재즈 요소를 가미한 교향악 작품'이라는 현대음악의 새로운 방향을 제시한 작품이라 할 수 있는, 그만큼 대중적인 사랑을 받고 있는 곡이기도 하다. 음악을 듣는 내내 즐거웠다. 마음 같아서는 함께 손뼉이라도 치고 싶었다.

'파리의 미국인'은 순수 관현악곡이라 할 수 있다. 작곡가는 '파리의 거리를 산책하고 있는 미국인의 향수를 기조로 한 작품'이라 한 바 있지만, 그의 음악적 재능으로 만들어 낸 완성도가 높은 작품이다. 잉글리시 호른을 비롯한 금관악기들의 연주가 돋보였고, 유모러스한 선율이 듣는 사람들을 즐겁게 하였다.

가을이 무르익어 가는 밤, 연주회 내내 흥겹고 즐거웠다. 멋과 사랑과 꿈, 그것들로 해서 우리네 사람살이가 한층 행복해진다. 아름다운 음악에 취했고, 함께한 사람들과 신나게 손뼉을 쳤다. 가끔 이런 재미도 있어야 하지 않겠는가.

– 10월 29일 월요일 · 맑음

수성문화재단과 작가콜로퀴엄이 공동으로 주관하는 '예술가들의 애장품전'이 열렸다.

대구지역에서 활동하고 있는 작가와 예술가들이 소장하고 있는 기념품이나 작품들을 기증 형식으로 출품하여 전시하고, 그것들을 판매하여 얻어진 수익금으로 젊은 작가들을 지원하려는 행사였다. 올해 처음 개최하는 의미 있는 행사로 많은 예술인들이 참여하였으며, 나 또한 그 취지에 공감하여 문상직의 작품인 4호 크기의 유화 한 점을 기증하였다. 전시장에 나갔다. 평소 자주 만나지 못했던 작가들을 만나서 정담을 나누었다. 즐거웠다. 내년에는 더욱 발전된 행사가 되었으면 좋겠다는 다수의 의견이 있었고, 나 또한 공감하였다.

– 11월 1일 목요일 · 맑음

금년도 프로 야구경기가 모두 끝났다. 그 끝판을 장식하는 한국시리즈의 마지막 경기가 있었다. 삼성과 SK가 맞붙었는데, 삼성이 7 : 0이라는 큰 점수 차로 이겼고, 전체적으로 4승 2패라는 성적을 거두었다. 승부는 4회에 거의 끝난 셈이다. 삼성의 박석민이 친 2점짜리 홈런과 이승엽의 3점짜리 3루타가 결정적이었고, 투수 장원삼이 종반까지 잘 던졌다. SK의

저력도 만만찮았으나 삼성의 탄탄한 투수진과 타선을 상대하기엔 역부족이었다. 이승엽이 한국시리즈의 MVP로 뽑혔으며, 삼성은 지난해에 이어 2연승을 하였다. 이긴 팀과 진 팀의 모든 선수들에게 격려의 박수를 보냈다.

흔히들 야구경기는 '투수놀음'이라고 한다. 그만큼 투수들의 기교와 체력이 경기의 승패를 좌우한다. 그렇게 볼 때 삼성은 막강한 투수진을 갖추었고, 그 운용 또한 수준급이라 할 수 있다. 이른 봄에 시작하여 찬바람이 부는 이때까지 많은 사람들이 열광하며 즐기는 경기인데, 나 또한 그 가운데 한 사람이다. 무늬 없는 일상에서 마음 붙일 데가 있으면 활력을 되찾을 수 있어서 좋다. 이제 야구경기마저 끝났으니 심드렁한 일상을 무엇으로 즐겨야 할까?

– 11월 18일 일요일 · 맑음

EBS에서 방영한 일요 시네마 '구름 속의 산책A Walk in the Cloud'을 보았다.

알폰소 아라우 감독이 아이타나 산체스 기욘, 키아누 리브스, 안소니 퀸을 주인공으로 삼아 1995년에 제작한 영화인데, 줄거리는 이렇다.

키아누는 2차대전 참전용사이다. 전쟁이 끝나고 집으로 돌아왔으나 별로 할 일이 없었다. 그래서 이전에 했던 초콜릿 외판원을 하기로 마음먹었고, 어느 교외로 나가다가 한 여인을 만나게 된다. 바로 그 여자가 아이타나이다. 알고 보니 그 여자는 대학생이었는데, 대학 생활 중 한 남자와 뜨거운 사랑을 하다가 배 속에 아이를 가졌고, 그 남자는 잠적해 버렸다. 여자는 키아누에게 자기 집이 지독한 보수적 가문이라서 집에 가면 맞아 죽을 게 뻔하니 임시로 남편 행세를 해 달라고 부탁한다.

그녀의 아버지는 완고한 보수였다. 그런 아버지가 아무런 예고도 없이 딸과 함께 찾아온 남자를 의심한다. 더구나 고아원에서 자랐고, 부모가 누구인지도 모르는 뿌리 없는 사람이라고 비웃는다. 그러나 그녀의 할아버지를 비롯한 가족과 아이타나는 키아누에게 호감을 보인다. 그녀의 아버지는 큰 포도농원을 가진 명문가의 후손임을 자랑한다.

어느 날 키아누는 그녀의 아버지와 크게 다툰다. 그 과정에서 그녀의 아버지가 집어던진 램프불로 해서 포도밭이 모두 타버린다. 하지만 다행히 그 포도밭의 뿌리라 할 수 있는 모본母本이 살아남았다. 그것을 찾아낸 키아누는 그녀의 아버지에게 진심을 인정받게 되고, 마침내 아이타나의 남편으로, 또한 그들 가족의 일원으로 받아들여진다. 아이타나의 아버지는 모본母本을 그에게 주며 "이건 자네의 뿌리일세" 하고 농장을 다시 일으켜 세우라고 격려한다.

로맨스 범주에 속하는 가족 영화라 할 수 있다. 영화 속의 가족이 처한 위기에 대처하는 방법, 서로 다르게 살아가는 모습 등을 통해 새로운 삶의 모습을 제시한다. 잠시나마 사람살이의 고단함을 잊게 해주는 따뜻한 영화라는 생각이 들었다.

– 11월 20일 화요일 · 맑음

장국현의 '청송, 명품 수목 · 풍광 사진전'을 보았다.

문화예술회관 대 전시실에 걸린 40여 점의 큰 작품들이 보는 이들을 압도하였다. 그와 주거니 받거니 하면서 꼼꼼하게 살펴보았다.

이번 전시회는 두어 가지 절실한 문제에 대한 메시지를 전달하려는 데 있다. 그 하나는 급격한 기후 변화와 산업화로 숲과 나무가 사라져 가고 있는 안타까운 현실이고, 다른 하나는 사람들의 관심에서 점점 멀어져 가고 있는 고목의 가치를 일깨우고자 하는 것이다. 그래서 청송지역에 자생하고 있는 명품 수목을 찾아서 사진에 담았다. 청송의 나무들은 자연을 그대로 보여준다. 푸른 소나무와 해묵은 고목들은 보기만 해도 정겹고 친숙하게 다가온다.

그는 인간과 세상에 대한 이중적인 시선을 가지고 있다. 첫 번째는 사진기를 이용해서 사실을 있는 그대로 기록하려는 시선이고, 두 번째는 내면을 향한 정신적 시선이다. 그가 1970년대에 작업한 흑백사진들을 보면 창의적인 동시에 인간적인 모습을 보여주고 있다. 그렇게 10년 이상을 몰두하였다. 그러다가 새로운 유혹에 빠져들었다. 그것은 자연에서 오는, 특히 산에서 오는 긍정적인 기운에 사로잡혔다는 사실이다. 그리하여 그는 자신의 작업을 한국의 신성한 산에 바치기로 마음먹었다.

그에게 있어서 모든 것은 촬영 전에 이루어진다. 산을 오르는 것이나 기술적 준비를 하는 것이 아닌 '산의 부름'을 느껴야 한다는 것이다. 산의 부름이란 오랜 기다림 끝에 자기 안의 누군가가 '산으로 가야 한다'고 말하는 기운을 느끼는 것이다. 그 같은 내면의 확신을 얻으면 곧장 산으로 향한다. 산을 오르고, 악천후를 만나는 따위의 과정은 그에게 내려진 계시를 따르기 위한 조건에 지나지 않는다. 그래서인지 그의 작품들을 보고 있노라면 신비한 힘 같은 게 느껴진다.

그는 국내외에 널리 알려진 사진 경력 42년의 작가인데, 나와는 중학교 동기동창이다.

– 11월 23일 금요일 · 맑음

대구시립교향악단의 제390회 정기연주회에 갔다.

지휘는 곽승 음악감독 겸 상임지휘자가 맡았다. 그는 대구시립교향악단을 지방 오케스트라의 수준을 넘어 세계 속의 교향악단으로 발돋움 할 수 있는 기회를 만들었다. 지난해 일본 도쿄와 오사카의 '아시아 오케스트라 주간'에 한국 대표로 공식 초청을 받아 연주함으로써 그 위상을 드높였다.

프로그램은 베토벤의 레오노레 서곡 제2번/ 교향곡 제2번 D장조/ 피아노 협주곡 제5번으로 짜여 있었다. 그리고 피아노 협연은 한동일이 맡았다. 그는 일찍이 파블로 카잘스로부터 '보기 드문 재능을 지녔다'는 찬사를 들으며, 미국을 중심으로 연주자 · 교육자로서 활동해 왔다. 2005년 영구 귀국해 연주와 교육을 통해 우리네 삶을 풍성하게 만들어 주고 있다.

오페라 '피델리오'는 베토벤의 유일한 오페라 작품이다. 초연 당시에는 '레오노레'로 발표되었으나 뒤에 '피델리오'로 제목이 바뀌었다. 그래서 지금까지도 서곡은 '레오노레'로, 오페라는 '피델리오'로 연주되고 있다. 그는 모두 네 개의 서곡을 썼는데, 그 가운데 1805년 초연 때 쓴 곡이 제2번이다. 서주를 가진 소나타 형식으로, 재현부가 생략된 작품이다.

드디어 연주가 시작되었다. 클라리넷과 플루트에 의한 선율이 편안했고, 이어서 목관에 의한 아리아가 돋보였다.

교향곡 제2번은 조금 느리게 연주한 제2악장과 빠르게 연주한 제3악장이 좋았다. 특히 제3악장은 유머러스하고 가벼운 느낌이 드는 흐름과 오보에의 음색과 부드러운 선율이 마음에 들었다. 그리고 당당하게 끝을 맺는 종결부에서 교향곡의 진수를 맛보았다.

피아노 협주곡은 베토벤의 역작 가운데 하나인데, 통상적으로 '황제'라 불린다. 이 곡이 지닌 당당함으로 해서 제왕의 위엄을 연상케 하는데, 협연한 한동일의 피아노 연주가 믿음직했다. 작품이 지닌 장대한 스케일과 화려한 기교를 잘 표현하였고, 그로 해서 강렬한 인상을 받았다. 종결부에서 최후의 힘을 다하는 피아노가 맹렬하게 솟아오르더니, 그 기세를 이어받은 관현악이 힘차게 피날레를 장식하였다. 박수와 환호가 길게 이어졌다. 지휘자와 연주가가 무대로 나와 거듭 거듭 인사했으나, 다들 자리에서 일어날 기미조차 보이지 않았다.

– 12월 9일 일요일 · 맑음

EBS에서 방영한 일요 시네마 '말괄량이 길들이기The Taming of the Shrew'를 보았다.

셰익스피어의 희곡을 영화로 만든 작품이다. 프랑코 제피

렐리Franco Zeffirelli 감독이 엘리자베스 테일러Elizabeth Taylor와 리처드 버튼Richard Burton을 주연으로 하여 1967년에 제작한 코미디 드라마라 할 수 있다.

줄거리를 요약하면 이렇다. 피사에 살던 청년 루첸티오가 하인 트라니오와 함께 파두아에 오면서 이야기는 시작된다. 그는 대학에서 열심히 공부하라는 아버지의 뜻에 따라 파두아에 온다. 하지만 도착하던 첫날 아름다운 아가씨 비앙카를 보게 된다. 비앙카는 파두아의 거상이자 부호인 밥티스타의 딸로 정숙하고 예쁜 이상적인 신부감이다. 그녀에게는 이미 그레미오와 호텐시오라는 남자가 사랑을 얻기 위해 애쓰고 있다.

한편 밥티스타에게는 딸이 하나 더 있는데, 비앙카의 언니인 카타리나이다. 그녀는 비앙카와는 달리 내키는 대로 행동하는 거칠기 그지없는 성격이다. 그로 해서 그녀의 아버지는 걱정이 태산인데, 큰딸을 결혼시키기 전에는 작은딸 비앙카를 결혼시키지 않겠다고 공표한다. 그 같은 상황에서 호텐시오의 친구 페트루키오가 등장한다. 그는 술을 좋아하고 성품이 거칠며 거리낌 없이 행동하는 남자로, 부잣집 딸과 결혼할 목적으로 파두아에 온다. 호텐시오는 이런 페트루키오와 카타리나의 결혼을 주선한다.

처음에는 반항하던 카타리나가 끈질기게 자신을 따라다니

며 구애하는 페트루키오에게 묘하게 끌리게 된다. 그러다가 마침내 결혼에 이르고, 결혼식을 마친 뒤 자신의 집으로 떠난다. 카타리나는 갑작스런 환경 변화에 슬퍼하지만, 페트루키오는 아랑곳하지 않고 자기가 원하는 대로 거칠게 행동한다. 저항하며 날뛰던 카타리나도 조금씩 마음을 열며 고분고분해진다.

한편 가정교사로 위장해 밥티스타의 집에 들어간 루첸티오가 비앙카의 사랑을 얻어 결혼에 이른다. 그 결혼식에 페트루키오 부부도 초대받는다. 결혼식 후 피로연이 열리고, 페트루키오는 앉아서 먹기만 하는 남자 루첸티오, 호텐시오에게 누구의 부인이 가장 남편에게 순종적인지 내기를 거는데, 뜻밖에도 페트루키오가 이긴다.

이 영화의 주제는 남녀 사이의 낭만적인 사랑을 다루고 있다. 그러나 길들여지지 않은 망아지처럼 날뛰는 여자를, 더 거칠고 단호한 남자를 등장시켜 정숙한 아내로 만드는 과정을 다루고 있다. 자못 흥미롭다. 영화 밖의 이야기로, 엘리자베스 테일러와 리처드 버튼은 1964년에 결혼했으나 10년 만에 이혼하였다. 따라서 이 영화는 두 사람이 부부일 당시 출연한 작품이고, 1975년 재결합하였으나 1년 만에 다시 헤어졌다.

– 12월 10일 월요일 · 맑음

강상중이 일본어로 쓰고, 송태욱이 우리말로 옮긴 『살아야 하는 이유』를 읽었다.

저자는 재일교포 2세로 태어났고, 현재 도쿄대학 대학원 교수로 재직하고 있다. 일본 근대화 과정과 전후 일본 사회, 동북아 문제에 대한 비판적이고 날카로운 분석으로 일본 지식인 사회의 주목을 받고 있다.

저자는 오늘날 학력이나 자산, 소득이나 지위의 극단적인 격차와 함께 행복과 불행의 차가 역력하여 과거 어느 때보다 사회 안에 르상티망(원한)이 깊이 퍼져나가고 있는 한국사회에 관심을 가지고 있다. 또한 그런 사회에서는 살아가는 의미를 찾지 못해 번민하며 고민을 계속하는 사람들이 많을 것이라고 진단하였다.

산다는 것은 무엇일까. 과연 행복할 수 있을까. 우리는 눈앞에 맞닥뜨린 질문에 답을 찾지 못한 채 흔들리고 있다. 저자는 그 치유 방법으로 '거듭나기twice born'를 권유하고 있다. 예건대 살려는 생각을, 심지어 나라는 자의식마저 버리라고 한다. 절망을 끌어안을 때, 희망은 새벽처럼 찾아오는 법이라고.

책의 구성은 '사람은 왜 살아 가는가/ 왜 이토록 고독한가/ 다섯 가지 고민거리/ 고민으로 둘러싸인 시대/ 진짜 자기를 찾는다는 것/ 우리는 다시 시작할 수 있을까/ 믿는다는 것은 무엇일까/ 살아갈 근거를 찾아낼 수 있을까/ 인생이 던진 물음에 답한다'로 나누어 이야기를 풀어내고 있다.

그가 결론적으로 제시한 인간의 세 가지 가치는 '무엇인가를 창조하는 일 · 경험 · 태도'를 들고 있다. 그 가운데 '태도'에 관해서 무엇인가를 만들어 내는 것도 아니고, 어디로 가는 것도 아니며, 그저 마음속으로 빌고 기도하고 생각하는 것이라면서 가장 중시하였다. 그리고 '무엇을 하느냐'가 아니라 '어떻게 하느냐'가 중요하다고 말하고 있다. 그러면서 자신은 '다시 태어났다는 생각으로 앞으로의 인생을 살아가고 싶다'고 하였다.

– 12월 19일 수요일 · 맑음

제18대 대통령을 뽑는 선거일이다. 그동안 언론을 통해 후보자들의 이야기를 보고 들었다. 그 가운데는 진정성을 의심할 수밖에 없는 허황된 공약도 숱하다. 우리네 정치 풍토에 넌덜머리가 나서 투표하고 싶은 마음이 없었으나, 자칫하다가는 나라꼴이 엉망이 되지 않을까 하는 생각이 들어서 투표장으로 향했다. 투표를 하고 나서도 마음이 무거웠다. 곧장 집으로 돌아와서 음악을 들었다.

문득 안익태 선생의 '한국 환상곡Symphonic Fantasia Korea'이 떠올랐다. 몇 가지 음반 가운데서 선생이 직접 지휘한 음반을 골랐다. 1961년 미국 로스앤젤레스 필하모닉 오케스트라와 한인합창단이 야외음악당에서 연주한 실황음반이다. 음질은 조금 떨어져도 작곡가 자신이 직접 지휘한 연주라는 데 의미가 있다.

선생은 일찍이 미국에서 작곡과 지휘를 공부하였다. 해방이 되기 전까지 남긴 작품으로는 '한국 환상곡'을 비롯한 몇 편이 있으나 주로 지휘자로 활동하였다. 미국과 유럽의 여러 명문 악단을 지휘한 바 있고, 1944년 이후에는 스페인의 마요르카 교향악단을 창단해서 상임지휘자로 활동했었다.

한국 환상곡에는 '애국가'가 들어 있다. 해방이 되기 전까지 유럽에서 15회에 걸쳐 연주되었는데, 선생이 지휘할 때마다 합창부분은 한국말로 노래하도록 한 것으로 유명하다. 그렇게 이국의 하늘 아래 우리의 애국가가 울려 퍼지도록 함으로써 나라 사랑을 실천했던 셈이다.

한국 환상곡을 크게 나누면 네 가지 의미를 담고 있다. 민족음악을 바탕으로 한 서정적인 부분, 일제의 압제 아래 신음하는 조국의 암담한 모습, 광복의 기쁨을 노래하는 애국가 합창, 그리고 6·25 전쟁으로 인한 동족간의 싸움으로 구성되어 있다. 그래서 이 곡은 우리네 역사를 음악으로 묘사한 민족 서사시라 해도 좋을 듯싶다.

가만히 듣고 있노라면, 우리나라의 탄생을 알리는 우렁찬 팡파르며 우리네 전통 가락인 타령으로 들리는가 하면, 암울했던 시대의 시련이 떠오르기도 한다. 그러다가도 불굴의 정신으로 분연히 일어나 애국가를 부르며 해방의 기쁨을 노래하고 있다. 끝부분에 이르면 '무궁화 삼천리 나의 사랑아, 영광의 태극기 길이 빛나리. 금수강산 화려한 나의 사랑아' 하고 외치면서 만세 소리와 함께 대단원의 막을 내린다.

음반을 연거푸 들으며 이 생각 저 생각을 했다. 그동안 우리는 숱한 시련과 혼란을 겪었다. 이제는 분열과 갈등에서 벗어나 더불어 살아가는 보다 성숙한 사회가 되었으면 좋겠다. 하기야 밤이 지나면 새아침이 밝아 오는 법이지만, 환하게 웃으며 살아가는 모습이 그립다.

* 개표 결과 박근혜 후보가 15,773,128표(51.6%)의 지지를 얻어 제18대 대통령으로 당선되었고, 2위인 문재인 후보보다 1,080,496표를 더 얻었다. 이로써 건국 후 최초의 여성 대통령이자 아버지인 박정희 대통령에 이어 딸 또한 대통령이 되었으니 특기할 만하다.

– **12월 20일 목요일 · 맑음**

제18대 대통령 당선자가 공식 발표되었다. 박근혜 당선자의 출생지는 대구시 삼덕동옛 동인호텔이 있었던 자리이다. 그래서 신문기자며 관심 있는 사람들이 나에게 전화로 문의해 오고 있다. 그 까닭은 오래 전에 『대구 이야기』를 펴냈을 뿐 아니라, 박정희 대통령에 관한 이야기를 신문에 연재한 인연 때문이다.

낮에는 대구시청의 간부들이 찾아왔다. 출생지에 얽힌 이야기며 그 현장을 확인코자 하는데, 그에 따른 자문을 구하고 싶다고 했다. 그렇게 검증 작업이 끝나면 현장에 표증을 만들어 세우고자 계획하고 있다는 사실을 밝혔다. 국가 지도자의 출생지를 명소로 가꾸는 것은 의미 있는 일이다. 또한 그 같은 노력은 '대구 사랑, 대구 자랑'으로 이어질 수 있다. 그래서 관련 자료를 바탕으로 그 시절의 이야기며 현장에 얽힌 이야기를 들려주었다.

* 구체적인 이야기는 매일신문에 연재한 바 있는 '신화처럼 살아 숨쉬는 박정희 이야기' 가운데 있다.

– **12월 23일 일요일 · 맑음**

EBS에서 방영한 일요 시네마 '애니Annie'를 보았다.

존 휴스턴John Huston 감독의 1986년 작품으로, 가족 뮤지컬이라 할 수 있다. 아역인 애니Annie에 아이린 퀸Aileen Quinn, 워벅스 역에 앨버트 피니Albert Finney, 그레이스 역에 앤 레인킹Ann Reinking 등이 열연을 펼친다.

줄거리는 이렇다. 1933년 미국의 대공황 시기, 뉴욕 시립 아동보호소에 억만 장자 워벅스의 여비서 그레이스가 찾아와 크리스마스 휴기기간 동안 워벅스와 함께 지낼 아이를 찾는다. 그 자리에서 고아 애니를 발견하고, 아이를 데리고 간다. 워벅스는 애니의 밝고 건강한 모습이 마음에 들어 양녀로 입양하려 하지만 애니는 부모가 그리워 거절한다. 워벅스가 애니의 부모를 찾아주기 위해 현상금을 걸고 광고를 하자 가짜 부모들이 밀려든다. 그 가운데 고아원 원장은 그녀의 동생과 애인을 부모로 가장하여 워벅스를 찾아가는데, 가짜로 밝혀져 일대 소동이 벌어진다. 마침내 애니는 워벅스의 양녀로 입양되고, 화려한 파티와 함께 크리스마스의 밤은 깊어간다.

아역을 맡은 애니의 깜찍하고 발랄한 연기가 시종 웃음을 자아내게 만든다. 절망 속에서도 희망을 노래하는, 그리하여 삶의 의욕을 충전해 주는 재미있는 영화라는 생각이 들었다. 크리스마스 시즌에 걸맞은 좋은 작품이다.

– 12월 30일 일요일 · 맑음

아침나절, 가슴에 와 닿는 시 한 편을 읽었다.

까치 주려고 따지 않은 감 하나 있다?

혼자 남아 지나치게 익어가는 저 감을 까치를 위해 사람이 남겨 놓았다고 말해서는 안 되지 땅이 제 것이라고 우기는 것은 감나무가 웃을 일 제 돈으로 사 심었으니 감나무가 제 것이라고 하는 것은 저 해가 웃을 일 그저 작대기가 닿지 않아 못 땄을 뿐 그렇지 않은데도 저 감을 사람이 차마 딸 수 없었다면 그것은 감나무에게 미안해서겠지 그러니까 저 감은 도둑이 주인에게 남긴 것이지

미안해서 차마 따지 못한 감 하나 있다!

– 이희중이 쓴 「까치밥」 전문

사람은 욕망의 동물인가 하면, 자기 합리화에 능한 동물이다. 부끄럽다. 이제 감이나 유실수의 열매를 따며 당연히 내 것이라고 여기지 말아야겠다. 고개 숙여 절하며 따 먹어야겠다.

– 12월 31일 월요일 · 맑음

다사다난多事多難했던 한 해가 저문다. 그동안 소망하고 의

도했으며, 계획하거나 약속했던 일들을 되돌아보게 된다. 그 가운데는 이룬 것이나 얻은 것들이 있는가 하면, 이루지 못했거나 마무리하지 못한 일들도 있다. 일희일비一喜一悲하기 보다 지금의 내 모습에 감사한다. 아울러 새해에는 순리와 조화를 좇아 보다 열심히 살아보리라 다짐하게 된다.

이런 날은 음악이 제격이라는 생각이 들었다. 앙드레 류 1949~ , 바이올리니스트의 연주를 골랐다.

그는 1987년 자신의 독립 프로덕션을 창립했다. 또한 '왈츠의 왕'이라는 애칭으로 불릴 만큼 왈츠에 빠져 지낸다. 그가 이끄는 악단의 이름도 '요한 슈트라우스 오케스트라'이고, 전 세계를 무대로 연주활동을 펼치고 있으며, 두 차례에 걸쳐 내한 연주회를 가진 바 있다. 그의 연주는 늘 웃음과 즐거움이 끊이질 않는다. 청중들이 박자에 맞춰 일어나도록 하거나 깜짝 놀랄 연출을 할 때도 있다. 그래서 청중들은 즐겁고 때로는 폭소를 터뜨리기도 한다.

'봄의 소리' 왈츠와 함께 시작된다. 세계 왈츠의 수도라 할 수 있는 빈에서 공연한 실황 DVD인데, 빈 슈타츠오퍼 발레 · 빈 무도회의 데뷔단츠 · 아이스 스케이팅 클럽이 참여한 로맨틱한 콘서트이다. 연주가 이어지면서 분위기가 뜨겁게 달아오른다. 그의 오케스트라가 들려주는 흥겨운 연주와 노래와 춤, 또한 빈의 고색창연한 건축물과 음악을 사랑하는 사람들, 그리고 유머가 담긴 그의 이야기……. 그 말고도 많은 곡들이 연주되는데, 앙코르 요청에 할리우드 스타 안소니 홉킨스가 작곡한 '그리고 왈츠는 계속 된다And the waltz goes on'가 연주되기도 한다.

흔히들 클래식은 무겁고 심각하다고 여기는데, 그렇게 생각할 필요가 없다. 음악이란 몸과 마음이 가는 대로 느끼고 즐기면 된다. 특히 왈츠는 박자에 맞춰 손뼉을 치거나 흥겹게 춤을 춰도 좋다. 아무튼 그믐날을 환하게 웃으며 보냈다.

아듀! 2012년이여.

〉〉〉 끄트머리에

작가의 말

그저 그렇게 살고 있다. 날이 밝으면 작업실에 나와서 차를 우리고, 음악을 듣거나 글을 쓴다. 싫증이 나면 방 안을 서성거리기도, 창밖을 바라보기도 한다. 무늬 없는 일상이다. 다행히 역사며 문화며 예술 같은 데 관심을 가지고 있다. 이따금 역사의 현장을 답사하거나 세미나에 참석하고, 전시회며 공연장을 찾기도 한다. 그런 가운데 사람살이의 훈기며 향기를 느낀다.

삶이라는 길을 걸어오면서 답답하게 느껴질 때가 없지 않았다. 뜻한 일들이 잘 풀리지 않아서 짜증스러웠던 순간이 있었고, 현실의 높은 벽 앞에 몸과 마음이 위축되어 좌절감을 느꼈던 날들도 있었다. 그런가 하면 얽히고설킨 인연으로 해서 낭패를 당한 적도 있었다. 그런 저런 일들을 떠올리면, 산다는 게 심드렁해지거나 서글퍼질 때가 있다.

그래도 나는 행복하다. 혼자 지낼 수 있는 공간이 있고, 글쓰기에 몰두할 수 있으며, 그로 해서 다른 세상을 꿈꿀 수도 있다. 또한 어설픈 글들을 책으로 묶어 내놓을 수 있고, 그 같은 일을 할 수 있도록 용기를 북돋워 주는 지인들이 있다. 그저 감사할 따름이다.

계사년 설날 아침 허허재에서